障害のある人の発達保障

成人期のなかまたちが教えてくれること

白石恵理子

はじめに

全国障害者問題研究会の月刊誌『みんなのねがい』に3回目の連載をさせていただいた。
1回目は、2001年度。『一人ひとりが人生の主人公』というタイトルで、障害のあるなかまたちの、日々の暮らしや労働の姿を少しでも伝えることができればと思いながらの連載だった。2回目は、2006年度。障害者自立支援法が施行され、福祉制度が切り崩されていくという危機感がひしひしと押し寄せていた。そんななかでも、障害のあるなかまたちの人権や発達する権利を奪ってはならないと日々奮闘する職員、職員集団を応援したくて執筆した。タイトルは『しなやかに したたかに 仲間と社会に向き合って』(これらはそれぞれ全障研出版部より単行本として発行されている)。

そして、今回、2017年度。『成人期のなかまたちが教えてくれること』というタイトルで連載を始めた。成人期にかかわる人たちだけでなく、さまざまなライフステージにかかわる人々とともに語りあうことができれば、というねがいからである。これまで、青年・成人期にあるなかまたちの暮らしや労働、そして発達をみるなかで、また、なかまたちとともに過ごす実践者と語りあうなかで、成人期を支えることは、実は、なかまたちの人生全体を、まさにかけがえのないものとして尊重することなのだと実感してきた。だからこそ、もっともっと他のライフステージにかかわる人といっしょに語り、実践を検証しあっていくことが必要なのだと強く思うようになった。

　前回の連載からの10年ちょっとの間は、本当にめまぐるしく法や制度が変わってきた期間であった。そして、それは今も続いている。障害者自立支援法は、「応益負担」「日払い計算方式」といった形で、福祉は買うもの、受けたサービスへの対価として利用料を支払うという市場原理を障害者福祉に本格的にもちこんだ。「日払い計算方式」によって、職員の安定雇用が難しくなり、非正規雇用が増大した。それらは、なかまのねがいを徹底的に大切にし、職員集団のねがいと撚《よ》りあわせながら、新しい価値を創造しようとする「実践」の基盤を大きく揺るがすものであった。実践に、はじめから答えなどはなく、日々試行錯誤をしながら進めていくものである。その地道なプロセスそのものにかけがえのない価値があるのだが、そうした実践を構築していくことが難しくなったのは事実である。

　しかし、今再び、実践の重要性、必要性が語られはじめている。あらためて実践で何を大事にしていくのか、なかまのねがい、集団のもつ意味、職員集団のあり方などに焦点をあてて考えてみたい。

　学校教育においても、２００７年度に始まった特別支援教育が浸透していく10年であった。その是非については、引きつづき検証が進められなければならないが、通常学級で学ぶ支援の必要な子どもたちに大きな光があたることになったことは疑いない。しかし、その一方で、重い障害のある子どもたちのこと、その実践が語られにくくなっていないだろうか。私は、わが国の障害児教育の歴史において、「障害の重い子どもたち」、そしてその子どもたちに教育権を保障しようとしてきた関係者たち、その発達をねがって向きあってきた教師たちが残してくれたものは、世界に誇るべき思想であるし、実践であると考えている。その財産を、若い世代にどう引き継いでいくのか、これは、私たちの世代の大きな課題である。この本では、そのことも意識して書いたつもりである。

また、「個別の教育支援計画」作成という幼児期、学齢期、青年期、成人期をつないで支援計画を構築するという考えも浸透しつつある。しかしこれが本当に内実をともなったものになっていくには、ライフステージをこえた連携のあり方が問われなければならないだろう。その人の一生を見通し、「切れ目のない支援」を構築していくにあたって何が肝要か。それは、とりもなおさず「発達」「発達保障」という軸にほかならないと考える。なかま一人ひとりが何に心を動かし、何を喜び、何を悲しみ、何をねがっているのか、徹底的になかま自身の目線に立った見方が必要である。そうでないと、支援者や周囲が一方的に押しつける人生になってしまう。もっと言えば、支援者や周囲にとって都合のいい人生になってしまう危険性もある。

この本では、「発達」とは何か、「発達保障」とは何か、そして乳幼児期から成人期、高齢期まで「発達」「発達保障」という軸をもつことの意味について考えることをテーマとした。この本が、乳幼児期、学齢期、成人期それぞれのステージにかかわる支援者たちがいっしょに考えていくための、なんらかのきっかけになれば嬉しい限りである。連載中も、各地のサークル等で、読みあわせ、討論をしているという声をうかがい、大きな励みになった。誰もが人間らしく生きていけるような地域になるためには、それぞれの地域で、いろいろな立場の人がつながりあっていくことが不可欠である。

幼児期と学齢期、学齢期と成人期…それぞれのライフステージ間には、必ず「非連続性」と「連続性」が存在する。連携が大切と言っても、それは、後のライフステージの課題を、前のライフステージにそのままおろしてくることではけっしてない。小学校の課題を就学前にそのままおろすだけでは、多くの子どもたちが苦しむことになる。卒業後の課題を学校段階にそのままもち込むことは、本来のキャリア教育ではない。人は誰でも、新しいライフステージで、自分をつくりかえていく。そのプロセスをおおらかに見守り応援するためには、それぞれのライフステージにかかわるものたちが、より深く互いを知り、語りあう必要がある。

この10年をプラス評価だけでは語ることは難しいが、「障害者の権利に関する条約」を手にすることができたことは忘れてはならない。そして、これからの10年が、障害のある人の権利、あたりまえの暮らしの実現がすみずみまでいきわたっていく10年になることを心からねがう。

白石　恵理子

２０１８年６月

障害のある人の発達保障　成人期のなかまたちが教えてくれること◉もくじ

はじめに　3

第1章　発達保障とは？……11
発達は難しい？／「ふつう」「あたりまえ」の難しさ／発達保障とは？／自分で行動をつくりたい／障害の重い人が教えてくれること
□コラム1　成人期の発達診断　19

第2章　見方を変えると見えてくる？……21
障害理解のまなざしと発達理解のまなざし／「いい姿」に見えるけれども…／なかまの価値観と職員の価値観を撚りあわせて
□コラム2　〝心の杖〟　29

第3章　発達は右肩上がりに進まない……31
自分の価値観とぶつかって…／ふとんにもぐる日々／再びもぐりこむ／ケンゴさんが教えてくれること
□コラム3　発達の節は〝発達の危機〟　39

第4章　集団のなかで自分らしく……41
みんなといっしょに自分でする／成人期のなかまの姿から／Aサン、スキ／職員との閉じ

た関係だけでなく
□コラム4　子どもが主体的になるために　49

第5章　「発達段階」をとらえる意味……51
映画『ぼくらの学校』の田植えシーンから／見ることも参加？／なんのために仕事をするのか／本人の理屈を知る
□コラム5　可逆操作　59

第6章　「キャリア教育」を考える①　なかまたちから学ぶ……61
障害のある人の労働を模索してきた作業所実践の歴史から／みぬま福祉会の実践から／その人にとって何が必要か／親も一人の人間として解放される
□コラム6　あそびから労働へ　69

第7章　「キャリア教育」を考える②　学校教育の側から……71
学校と卒業後とのズレ／知的障害児教育の歴史から／集団、生活、労働から切りはなされた学習活動の危うさ
□コラム7　休むことができる力　79

第8章　「ゆれる」ことのねうち……81
二つのモノの間でゆれる／二つの価値の間でゆれる／分かれ道の男／〝閉じたがんばり〟は「ゆれ」を許さない
□コラム8　もっと文化を　89

第9章　高齢期を考える①　青年期・成人期の実践から……91
高齢期から学ぶ発達保障／「一人でできる」もいいけれど…／ゆたかに老いる
□コラム9　父のこと、母のこと　99

第10章　高齢期を考える②　高齢期とは……101
日頃からの「観る目」を鍛える／加齢にともなって知的機能は「低下」するのか／連綿と繰り返される人間の営みとして
□コラム10　加齢と発達　109

第11章　職員集団を考える①　話しあう……111
語りあうことで、子どものこと、なかまのことがいとおしくなる／実践の本質が伝わるには／ベテランと若手のよい関係とは
□コラム11　不老泉　119

第12章　職員集団を考える②　大切にしたいことに立ちかえる……121
今、あらためて子どもやなかまを「まるごと」とらえることの意味を問う／全体像が見えない？／見えないものを観る力
□コラム12　職場の雰囲気について　129

おわりに　131

第1章　発達保障とは？

まずは、発達とは何か、発達保障とは何かについて考えてみましょう。

◉発達は難しい？

ここ数年、私の勤める大学院には、成人期にある障害のある人の発達や支援に関心をもって学びにくる院生が毎年います。先日、修士論文を書きあげた元教員の院生が、「ほんまのところ、発達って難しい。発達保障って大事やと思うけど敷居が高かった」と率直に話してくれました。彼女は、ある就労継続支援B型事業所で、青年たちと喜怒哀楽をともにしながら仕事や学習にとりくんでいます。そして、「でも、修士論文を書いて、発達保障ってふつうのこと、あたりまえのことなんやって気づいて、ますますおもしろくなりました」と言います。

「難しい」「敷居が高い」と思わせてしまっているのは、一つには、発達や発達保障を語る私たちの側の課題があると思います。そもそも、発達をとらえるとは、けっして特別な尺度や物差しではかることではないはずです。目の前の子どもやなかまが何に心を動かし、何を喜び、何に怒りやせつなさを感じているのか、そこに心を寄せていくことだと考えます。

重症心身障害児施設「びわこ学園」[*1]の職員室には、初代施設長・岡崎英彦さん[*2]（1922〜1978）の「本人さんはどう思てはるんやろ」ということばが掲げられているそうです。障害が重く、自分の思いをことばで表現することが難しいびわこ学園の園生たちですが、職員が一方的に介助・支援をするのではなく、本人はどう思っているのだろうかと常に考えることの大切さを伝えていることばです。同時に、職員が実践に悩み行き詰ったときへの励ましにもなっていることばだと思います。この、「本人さん」の視点に立って考えること、それが発達をとらえることの本来の意味ではないでしょうか。

そして、そうして「本人さん」の目線で考えていくと、本当のねがいに気づくことがあります。その本当のねがいを一緒に実現していこうとすること、それが発達保障の出発点だと考えます。発達とは、けっして、特別な基準で子どもやなかまを見ることではないし、発達保障とは、特別な手法で子どもやなかまに接することではないのです。

＊1　第一びわこ学園（現在は、びわこ学園医療福祉センター草津）は1963年創設。東京の島田療育園に続き、日本で2番目に開設された重症心身障害児施設である。1946年に糸賀一雄らによって設立された「精神薄弱」児施設近江学園内で行われていた、障害が重く、重複している子どもたち（「療護児グループ」）に対する医療と一体になったとりくみを母体として創設された。1966年に、第二びわこ学園（現在は、びわこ学園医療福祉センター野洲）が開設された。

＊2　近江学園の園医として障害児の医療に携わり、1963年にびわこ学園を開園し、初代園長となった。『岡崎英彦著作集』（医療図書出版社、1990年）がある。

＊3　近江学園の創立者。1946年、池田太郎、田村一二とともに、戦災孤児・精神薄弱児を対象とした滋賀県立近江学園を設立し、園長となる。著書に『この子らを世の光に』『福祉の思想』などがある。

◉「ふつう」「あたりまえ」の難しさ

一方で、さきほどの院生のことばの背景には、そうした「ふつうのこと」がふつうでない、「あたりまえのこと」があたりまえでない施設や学校の現状があるのではないかと思うのです。

障害があっても、まずは「一人の子ども」であるはずなのに、障害からくる特徴だけが語られて実践がなされてしまう、特別な手法をたくさん知っていることが専門性にすりかわってしまう…そんな状況が起きていないでしょうか。さらには、誰もが、人とのかかわりのなかで安心を得、心が満ちたときに、新しい世界や新しい自分に挑戦していくものなのに、施設や学校では、職員不足、教員不足がますます深刻になっていて、そうした基本的な安心感すら保障されない状況が広がっています。

障害児療育の先駆者の一人、糸賀一雄さん[＊3]（1914～1968）は、54歳で亡くなる直前の最後の講義（1968年、滋賀県児童福祉施設等新任職員研修会）で、「精神薄弱児というのは、価値的にはゼロであるという見方でしか見ないような大人の人たちがたくさん世の中にはいる」し、そういう「かたくな」で「カサカサ」した見方が施設職員にも影響を与えている。しかし、かたくなでカサカサした見方から「解放される」ということが大切であり、そのための「自分自身との対決」が、専門職の「大きな魅力になってこなければウソなんです」と述べています。[*4] 糸賀さんは、この直後に、「この子らを世の光に」と語りつづけながら倒れ、還らぬ人となりました。

「ふつう」「あたりまえ」を大事にしつづけるためには、私たちも目が曇らないよう、たゆまぬ努力をしつづけなければなりません。そして、職員、教師が子どもやなかまたちの心の声と対話しながら「自分自身との対決」をしていくことが大きな魅力になるような職場にならなければならないと思います。

◉発達保障とは？

発達保障というのは、「発達させよう」「できることを増やそう」とするものではありません。とは言え幼児期や学童期においては、歩けるようになった、ことばを話せるようになったなど、具体的に目に見える形で「できること」が増えていくことも多いため、発達保障ということが、ともすると「できることを増やすこと」と、とらえられてしまいがちです。しかし、「できる」ようになったけれども、人との関係は広がらなかった、または、無理やりやらせた結果「できる」ようになったが、人との信頼関係は崩れてしまったのでは、本当の発達とは言えないでしょう。あるいは、「できる」ようになったが、もう明日か

＊4　糸賀一雄『糸賀一雄の最後の講義――愛と共感の教育〔改訂版〕』中川書店、2009年

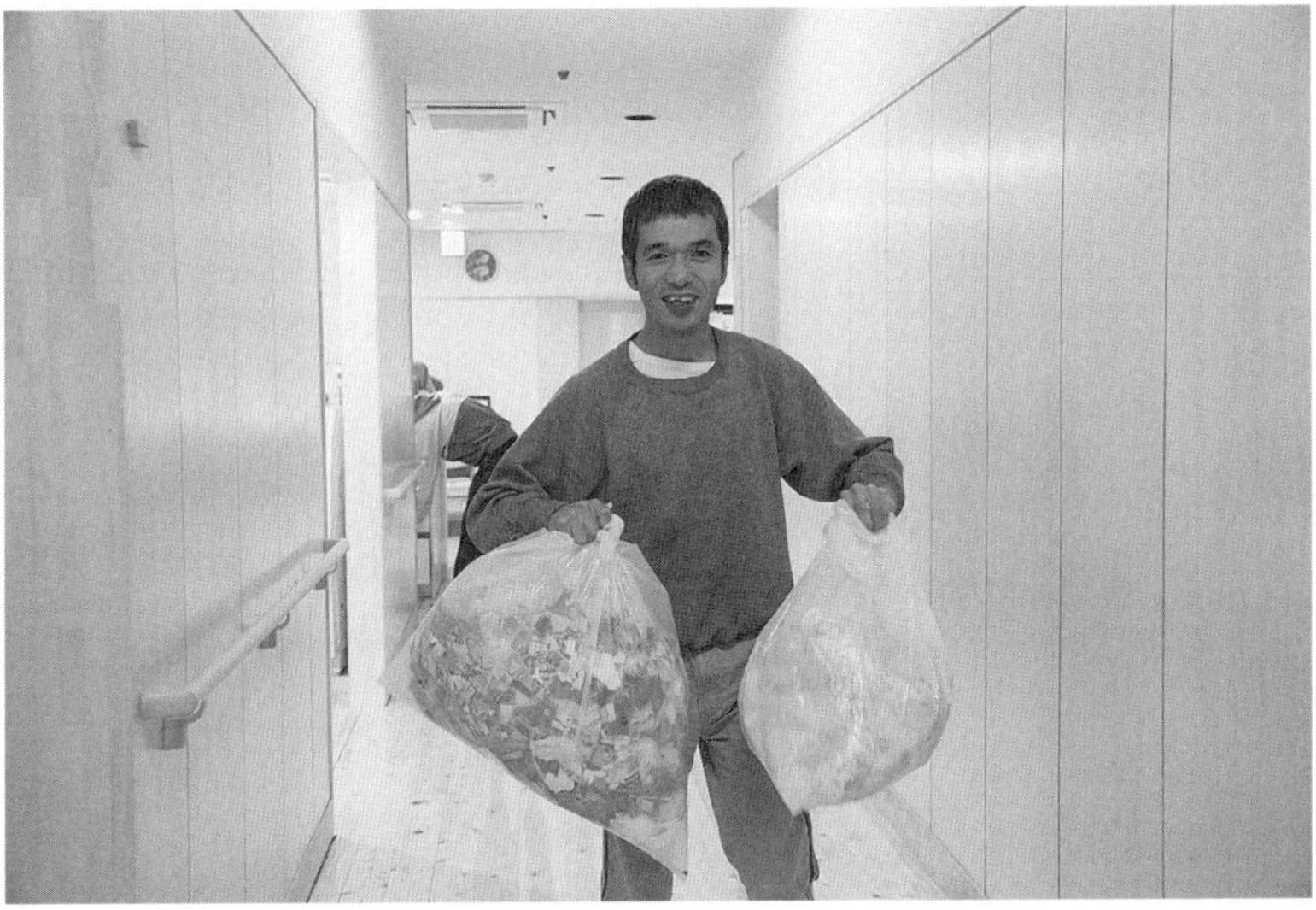

らはやりたくないと思ってしまったのであれば、それは精神的自由の広がりにはつながりません。

発達は、人格的な広がり、精神的自由の広がりといったこととも常に結びつけながら考えていくべきことなのです。また、障害の有無にかかわらず、そうした人格的な広がり、精神的自由の広がりを含めた発達を保障していくのは、個人の努力だけにゆだねられるものではなく、社会の責務でもあるのです。

私自身、大学時代にそうした考えに学びながらも、最初に就いた乳幼児期の発達相談の仕事のなかでは、表面的に「できる」ことに目を奪われてしまうことが幾度となくありました。そうした自分の発達観を問い直す契機を与えてくれたのは、障害が重いと言われる人であり、成人期のなかまたちでした。

◉自分で行動をつくりたい

別の院生は、修士論文のテーマに生活介護事業所におけるる重度の知的障害や自閉性障害のあるなかまたちの日中活動のことを取り上げました。そのなかで、一見、生きいきと活動に参加しているように見えない、かと言って、「問題行動」と言われるような行動があるわけでもないので、スポットが当たりにくいゆうたさん（仮名）のことを書いています。

ゆうたさんは、音楽や体操などの活動をしていても、その輪の中には入らずに自分の世界に入っているように見えます。自分の世界に浸っていることを否定するわけではないのですが、それでけっして満足しているようにも見えない。一人でブツブツと何かをつぶやいているようなゆうたさんですが、みんなの姿をチラチラ見ています。そこで「本当はみんなの輪に入りたい

＊5　糸賀一雄『福祉の思想』日本放送協会出版部、1968年

のかな」と思って声をかけると、すっと心を閉ざしてしまう…。「やっぱり興味がないのかな」と思っていると、あるタイミングで、みんなといっしょに歌いだし、ときには、笑いながら輪の中に入ってくる。そんな姿を何度か見るなかで、ゆうたさんのねがいは、「みんなといっしょに歌うこと」であると同時に、「自分で行動をつくる」ことなんだと気づいていきます。自分で行動したい、自分のタイミングで輪に入りたいからこそ、輪からちょっと離れたところで立ち位置をとっているという間《ま》が大切な意味をもっているし、支援する側にも、信頼して待つような間が必要なのだと実感していきました。

◉障害の重い人が教えてくれること

２０１６年7月26日に神奈川県相模原市の障害者入所施設で19名もの利用者が殺傷された事件の加害者（施設の元職員）が言った「生産性のない障害者は生きている意味がない」ということばに怒りも悲しみも覚えつつ、こうした見方とどうたたかっていくのか、変えていくのか、私たちの大きな課題だと痛感しています。

そもそも生産性とは何なのか。再び糸賀さんのことばを見てみましょう。

糸賀さんは、「どんなに重い障害があっても、だれと取り替えることもできない個性的な自己実現をしている」、「その自己実現こそが創造であり、生産である」と言います。[＊5]この

ことばは、「かたくなでカサカサした見方」にしばられていた私たちの見方を解き放ってくれました。同時に、ゆうたさんとかかわった院生が経験したように、障害のある人たちは、支援する側の感性やコミュニケーション力を研ぎ澄まし、深めてくれるのです。

障害の重い人たちが、人を変え、人を育てる力をもっていること、社会を変え、社会を変える力をもっていることを、今だからこそ伝えていかなければならないと思うのです。

コラム1

成人期の発達診断

成人期の発達検査について、子どもに用いる検査と同じ用具を使うのか、同じ検査の手法で行うのかと尋ねられることがある。もっともな疑問である。身体や手の大きさも違うのだから、検査道具一つをとってみても、この大きさでよいのかと考えることがある。ただ、発達検査をして出てきた数値をもって、そのまま「その人の発達の力」とみてしまうのは、そもそも誤りであろう。

成人期であれ幼児期や学齢期であれ、実践と結びつけて発達をとらえるときに、既成の発達検査をして数値を算出するだけではなく、一つひとつのとりくみ方やプロセスを丁寧にみたり、表情から心の動きをおしはかる必要がある。また、検査者が提示する課題への応答をみるという一方向的な枠組みでとらえるだけでなく、子どもやなかまにとっての主体的な意味を見取る必要がある。そのために、発達検査にはない項目を用意したり、発達の法則性、すなわち発達の理論をふまえ、一つひとつの行動のもつ意味を読み解いたりする。これは、発達検査というより発達診断にあたる。場合によっては、この検査道具だから、このなかまはこのように扱ったのだろうと考察することもあるわけだ。

しかし、いくら精緻《せいち》な分析をしても、診断場面のなかまの姿だけを手がかりにとらえることには限界もあるし、危険でもある。とくに、幼児期の発達診断を中心に行ってきた私には、そもそも成人期の障害のある人の生活を想像することが難しかった。それを補ってくれたのが、

コラム1

職員からのレポートであり、討議であった。

私が成人期の作業所や施設でなかまの発達診断をさせてもらうようになったのは、今から27－28年前のことになる。大阪・吹田市にあるさつき福祉会の、法人内で2番目に認可された「第2さつき障害者作業所」だった。毎月、ふたりのなかまの発達診断をして、土曜日のケース会議で報告をした。発達診断に行く日は、まず仕事や活動場面を観察させてもらっていた。ケース会議には、作業所の職員がみな参加しており、担当の職員が、そのなかまの生育歴や仕事でのようす、実践の目標、悩みなどをまとめ、レポート報告をした。このレポート報告と、私からの発達診断結果の報告をもとに、議論を行った。

こうしたかかわりを数年続けた。この経験によって、私自身、成人期のなかまの発達をとらえる目を養わせてもらったわけだが、職員からのレポート、職員集団での議論に参加したことがとても大きな意味をもっていたと思う。発達診断で、ある意味、客観的になかまの姿をとらえることができるのは事実である。しかし、それまでの歴史、日頃のようす、職員の思いや試行錯誤の姿をくぐらせて、はじめて診断場面での姿の意味が見えてくる。職員は、レポートをまとめるにあたって、ご両親から聴き取りをしたり、何年分かの記録を見直したり、過去に担当した職員から聴き取ったりしていた。1－2か月かけて準備し、班での議論を繰り返したこともあったという。そこには、実践の過程で起きる悩みや喜びも折り込まれていた。

今はそのように時間をかけることが難しくなっているが、本来、必要なことだと考える。

第2章　見方を変えると見えてくる？

第1章で、発達をとらえるとは、目の前の子どもやなかまが何に心を動かし、何を喜び、何に怒りやせつなさを感じているのか、そこに心を寄せていくこと、すなわち「本人さん」の目線で考えることではないかと書きました。そして、「本人さん」の目線で考えることによって、行動の裏に隠れた本当のねがいに気づくことがあると…。

しかし、本当のねがいに気づくことや、発達のねがいを大切にすることはけっして容易なことではありません。ここでは、子どもやなかまをとらえるまなざしについて考えたいと思います。

◉障害理解のまなざしと発達理解のまなざし

大津市の保育園で、扇風機の大好きな自閉症児がいました。療育を受けたのち3歳児から保育園に入園したのですが、いつも天井の扇風機や換気扇ばかりを見ています。羽が規則正しくクルクル回るのを見つめることで大きな安心を得ていたのでしょう。先生たちは、それが自閉症児の見せる「こだわり」の一つであり、無理にやめさせるものではないことを理解していました。そして、扇風機以外にも興味をもってほしい、少しずつでも友だちに関心をもってほしいとねがっていました。しかし、他のあそびを用意して、そこにかかわってくれたように思えても、ふと気づくと、彼はやはり扇風機の下に行っています。なかなかあそびが広がっていかないことに悩んでいました。

職員会議で、そのことを報告したところ、「こだわり」をなくすことばかりを考えていないだろうかという意見が出たそうです。会議を受け、3歳児のクラス担任でもう一度、日ごろの保育を見返しました。そのなかで、そういえば、「扇風機ではなくて、こっちであそぼう」とばかり働きかけていたなあ、保育者も「こだわり」にこだわってしまっていたなあと気づきます。

しばらく試行錯誤の実践が続きましたが、彼が友だちのあそびに興味を示しはじめたのはみんなでドラえもんごっこをしたときでした。頭の上に手作りの〝タケコプター〟をつけることで、ドラえもんになってあそぶ子どもたち…。3歳児にとって楽しいごっこあそびになります。自閉症の彼はごっこあそびのイメージをもつことは難しかったのですが、大好きな「クルクル回るもの」をみんなが頭につけているのですから、こんなに嬉しいこ

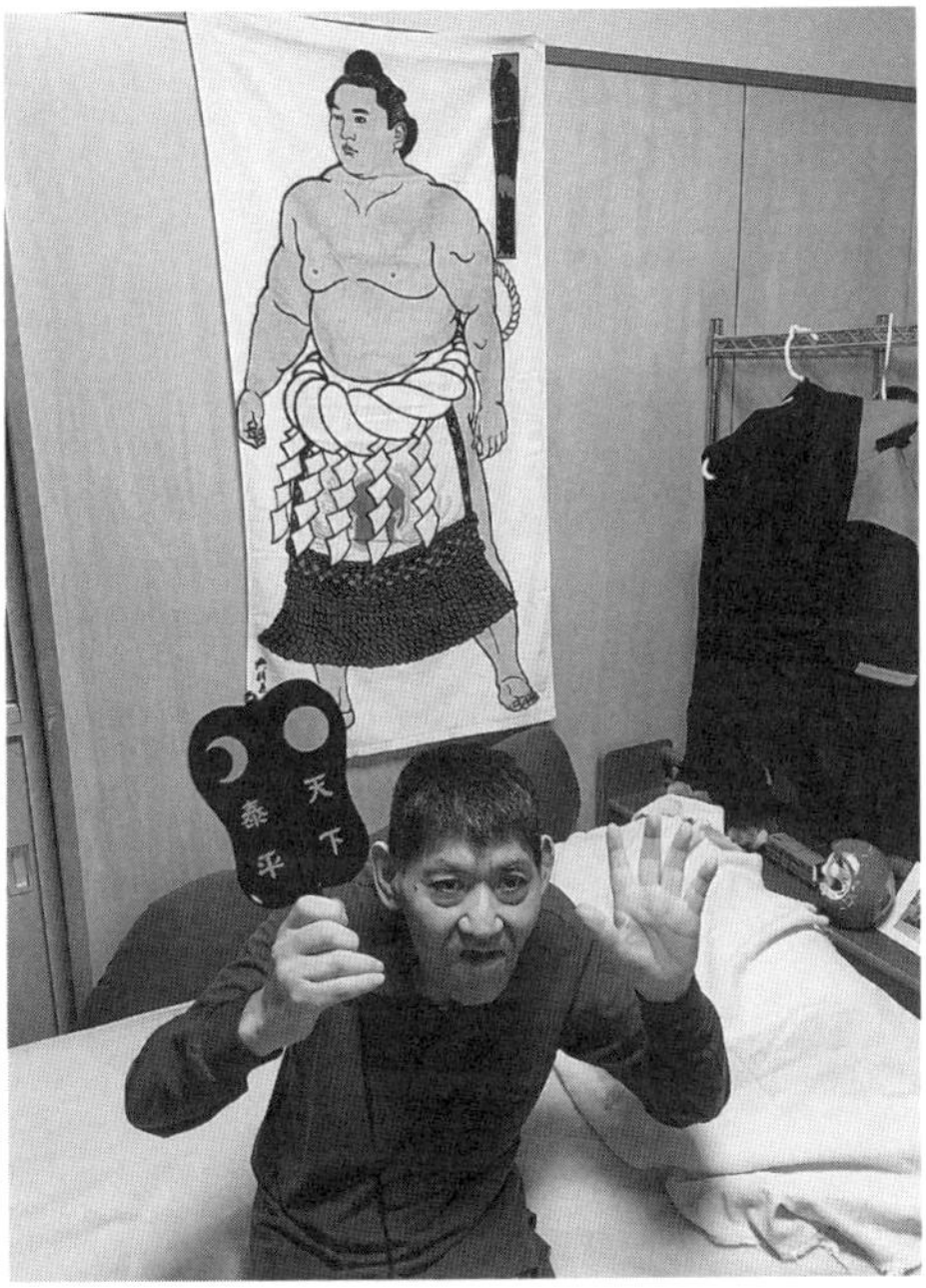

とはありません。そこから、少しずつ友だちのあそびに目を向けるようになっていきます。

このエピソードは何を意味しているのでしょうか。

扇風機や換気扇ばかりを見つめていることに対し、単に「ちょっと変わっている」とか、「この子の個性だ」とみるだけでなく、自閉症という障害からくる「こだわり」だとみることは大切なことです。彼はおそらく、保育園での新たな生活に不安をいっぱい抱えていたのでしょう。だからこそ、規則正しく回るもので安心しようとしていたのだと考えます。障害のない子に比べ、とてつもなく大きな不安を抱えやすいこと、予測の難しい友だちの動きよりもクルクル回る羽の動きのほうが安心できるということを正しく理解し、寄り添っていくことが求められます。一方で、その行動を発達的にとらえると、彼は不安な気持ちとたたかっているのだという見方、扇風機は「外の世界への入り口」だという見方、「新しい生活に向かうための〝心の杖〟」だという見方になります。

これは、「扇風機をじっと見る」という行動に対しての、障害理解という観点からの見方と、発達理解という観点からの見方の違いということもできると思います。障害理解とは、子どもの抱える困難や不安の背景を科学的にとらえることであり、単に「わがまま」や「自分勝手」と見てしまわないということです。一方で発達理解とは、徹底的にその子自身を主語にして、その子が何をねがっているのか、何とたたかっているのか、何を変えようとしているのかを見ることだと思うのです。いずれが正解かではなく、両面から見ることで、子ども理解が深まっていくでしょう。

先生たちも「こだわり」を否定していたわけではありませんが、できるだけお友だちに気持ちを向けてほしいとねがうことが、結果的に「こだわり」は余分なこと、「ないに越したことはない」になってしまっていたようです。しかし、彼にとって、扇風機は、まさに心惹《ひ》かれる世界でもあるのです。保育園に入ったばかりの彼は、「もっと別の世界があるよ、もっとおもしろい世界があるよ」ではなく、自分の心惹かれる世界にまずは共感してくれる相手を求めていたのでしょう。

◉「いい姿」に見えるけれども…

こんなこともよくあります。園庭であそんでいる子どもたちに、「部屋に入ろう」「お片

づけするよ」と声をかけると、スムーズに集まってくる。「今年の子どもたちはとても切り替えがスムーズだな」「聞きわけがいいな」と思っていたけれど、なんとなく釈然としない。よくよく見ていると、実は、そもそもあそびこめていなかった、あそべていないからスムーズに切り替えているように見えていた、という場合です。特別支援学校でも、同じようなことがよくあります。休み時間が終わって、「さあ、体育館に行くよ」「教室に行くよ」と声をかけると、すっと先生についてくる。一見、見通しをもって動けているように思えるけれど、実は、休み時間にするあそびが見つかっていない、探索的・自発的に動けていないことに気づく、という場合です。

　子どもたちの行動を表面的に理解してすませるのではなく、別の面から見るとどんな姿が隠れているのか、どんな姿の裏返しなのかを考えると、本当は何を求めているのか、何が課題なのかが見えてくることがよくあります。そのためにも、職員・教員の〝複数のまなざし〟で子どもを見ることや、子どものことを話しあうことが大切であるし、「なんとなく釈然としない」「違和感がある」といったときに、「なぜだろう」と考えることが重要になります。

さきほど、物事を別の面から見ることが大切だと述べました。子ども理解においては、多面的に見ることが必要であり、それが理解を深めていくことにつながります。一面的な見方は、それが肯定的な見方であったとしても、子どもを一方的に固定的に見てしまうことにつながる危険性をはらんでいます。その結果、発達的な見方から離れていくこともあるのではないでしょうか。

◉なかまの価値観と職員の価値観を撚《よ》りあわせて

さて、成人期のなかまの話に進めます。

みぬま福祉会（埼玉）の篠崎秀一さんたちによる実践に、障害の重い女性のなかまと一緒に素敵なアクセサリーを作ったとりくみがあります。夏の全障研大会分科会で紹介され、私は、ネックレスのきれいな色が気に入って、早速、購入させてもらい、今も愛用しています。

常同的な手もみ行動が多く手を意図的に使うことに大きな困難を抱える彼女は、職員が手渡した糸くずを両手でこすり合わせるようにクルクルとまるめています。彼女が通所する「作業所」では、「どんなに障害が重くても、仕事を保障しよう」「一人ひとりに合った仕事を見つけよう」と、従来の仕事の枠をこえて、絵画などの表現活動も含めて、仕事をつくってきていたのですが、彼女に合った仕事はなかなか見つかりませんでした。イスにすわっていることはほとんどなく、いつも身体を左右に揺らしながら歩き、他のなかまのようすをのぞき込むことはあるものの、手にするのは糸くずだけです。

その彼女に、ある日、職員が細い銅線を手渡したところ、糸くずではなく銅線を両手でもみはじめました。銅線はとても柔らかく、彼女の手の動きをふんわりと受け止めてくれます。また、銅線の光る色具合も気に入ったようで、それから銅線まるめが大好きになっていきました。ピンク、黄色、水色…いろいろな色の銅線のかたまりができ、それがちょっとしたオブジェになっていきます。ある職員が、「これを透明の樹脂で固めてみよう」と思いつき、そこから、やわらかく光る銅線が入ったネックレスができていったのです。

この事例では、いわば障害ゆえの常同行動が新たな価値をうみだしたのだと言えます。ただし、「一見、マイナスに見えるこだわり行動を利用しよう」とか、何ごとも裏返してとらえればマイナスがプラスに変化する、といったことを言いたいのではありません。特別支援教育や障害理解に関する研修等で、錯視《さくし》を利用した有名なだまし絵を例に話されることがあります。絵の中の像はある角度から見たら「若い女性」に見えるけれど、別の角度から見たら「おばあさん」に見える…そのことに気づくことで、自分たちの子どもやなかまに対する見方が一面的になっていないかを考えるきっかけになるというものです。

しかし、機械的に、あるいは器用に、「反対から見たらどう見えるか」を考え、いろいろな見方を並べるだけでは、子どもやなかまを真ん中にすえた理解は深まりません。ネックレスの例のように、「一人ひとりに合った仕事をつくりたい」「どんなに障害が重くても、その人らしい仕事がつくれるはずだ」という職員集団のねがい、すなわち価値観と、「これが好き」「これをやりたい」といったことも含めたなかまのねがい、価値観をていねいにていねいに撚《よ》りあわせていくことが大切なのだと考えます。扇風機の例でも、先生方が「もっとお友だちに気持ちを向けてほしい」とねがいつづけていたこと、これは、とても大切なことです。それはときに、矛盾をひきおこし、先生も職員も悩みます。その悩みつづけるプロセスがあるからこそ、あるいは悩みつづけたプロセスがあったからこそ、ドラえもんあそびの実践も、ネックレスの実践も、かけがえのないものになったのではないでしょうか。

コラム2

〝心の杖〟

映画『夜明け前の子どもたち』の中盤。野洲川の河原で行われた石運び学習の場面に、箒《ほうき》を持った女の子が登場する。河原では、「学園の庭にプールをつくろう」と、プール作りに必要な石を集めるのだが、彼女は学園から河原に向かうバスに乗るときから箒を手にしてきていた。河原に着き、拾った石を入れたかごを持って、坂道の上まで運ぶのだが、彼女にとっては石の入ったかごよりも箒のほうがずっと大切で、かごを持つ手にはあまり力が入っていない。それでも、指導者の声かけに励まされて坂をのぼろうとする。しかし、そこで事件がおこる。すれ違う友だちが彼女の箒を奪ってしまうのだ。すると、たちまち柔らかかった彼女の身体が映像でもくっきりと伝わるほどかたくなっていく…そして、その場にうずくまってしまう。活動の目的とは直接、関係ないように見えた箒だが、〝心の杖〟と言うことができるのではないかというナレーションが入る。

学生時代にはじめて『夜明け前の子どもたち』を観たとき、このシーンは重症心身障害のシモちゃんの笑顔や、最後の「(学校に行けないのは) なんでや、なんでや」「先生たちがみんなやめていく、なんでや、なんでや…」という悲痛な訴えと並んで、強く印象に残った場面であった。

25年くらい前だったか、あるダウン症の青年の発達検査をすることになった。彼は、手にウルトラマン人形を握りしめていた。入室したときはかたい表情であったが、こちらの挨拶に会《え》

コラム2

釈《しゃく》で返してくれたこともあり、「ここ（机の横）にウルトラマンを置いておきましょうか」と声をかけた。すると一転、彼の表情が厳しくなり、がっしりと両手を組んだ。〝うわ、やば（い）〟と思った（当時は、そんなことばはなかったが）が、あとの祭り。彼は、みごとに何一つ受けつけなくなった。〝心の杖〟を手離すのは本人自身であり、それを「待つ」ことの難しさと奥深さを痛感するできごとであった。

療育教室に通っていたAくん。いつも大きなリュックを背負ってきていた。リュックには、ミニカーやブロック、絵本などが詰め込まれていた。並行通園していた保育園の行事が近づくと、リュックはどんどん大きくなった。そして、行事が終わると、シュッと小さくなる。彼にとってリュックは〝心の杖〟、保育者から見ると彼の不安の度合いを知る〝心のバロメーター〟であった。そんなAくんだが、通園して半年もたつと、リュックの中身は、自分が描いた車の絵、自分で作ったエレベーターなどに、徐々に変わっていった。あるときの発達診断の折り紙課題で、Aくんはずいぶんとがんばって三角形を折ってくれた。「すごいな、Aくん！」と声をかけるとニンマリ。「これ、先生がもらっていいかな」と言うと、首を振って、自分のリュックに入れた。じつはリュックに入っているエレベーターは、エレベーターが大好きなAくんがやはりエレベーター好きな友だちと一緒に作ったものであった。Aくんも友だちも、人とのかかわりに課題を抱えていた。しかし、友だちと一緒に作ったことが嬉しかったのだろう。もはやリュックは〝心の杖〟というより、誇らしい自分を入れるものになっていた。

第3章　発達は右肩上がりに進まない

子どもがよろめきながらも最初の一歩をふみだしたとき、はじめてのことばを発したとき、親や教師は大きな喜びを感じます。本人も、自分で行きたいところへ行く自由、自分の思いを伝える自由が広がることになり、「もっと行きたい」「もっと伝えたい」と新たなねがいをもつでしょう。成人期になると、幼児期や学齢期に比べて目に見える変化はゆっくりになることが多いですが、発達によって自由が広がる喜びは基本的に同じだと考えます。しかしながら、実際の発達過程はとても複雑で、けっして右肩上がりに進んでいくものではありません。

◉自分の価値観とぶつかって…

1960年生まれの私は、高度経済成長期に幼児期・学齢期を過ごしてきました。1964年の東京オリンピック、新幹線開通、1970年の大阪万博は、私が生まれ育った北陸の田舎町にも、〝未来は希望と明るさに満ちている〟という空気をもたらしました。現実に家の中にカラーテレビ、洗濯機、自動車などが入ってくると、日本はもっともっと「ゆたかに」なっていく、「ゆたかに」させなければならないという右肩上がりの価値観をより強くもつようになったと思います。思春期に目《ま》の当たりにした「オイルショック」というか「トイレットペーパーを買うための行列」は、意識しない心の奥底に不安をもたらしたのですが、右肩上がりの価値観の間違いに気づくには至りませんでした。むしろ、漠然とした不安を根底に抱えさせられたがゆえに、より右肩上がりにさせなければならないという考えに縛られていったように思います。そんな私が右肩上がりの価値観から解き放たれるには、まだまだ長い時間が必要でした。

　大学に入学して、発達、発達保障という考えに出会いました。障害によって発達がゆっくりになることは容易に理解できましたし、授業で、びわこ学園のドキュメンタリー映画『夜明け前の子どもたち』（１９６８年公開）を観て、映画に登場する「重症心身障害児」と言われる子どもたちが、通常の場合の10倍、20倍、あるいはそれ以上の時間をかけて発達していく姿に大きな感動を覚えました。ナレーションでは〝進歩における極微の世界〟という表現がされていますが、どんなに障害が重くても、どんなに時間がかかっても、少しずつ少しずつ発達していく…。そのことになんらかの形でかかわっていく仕事がしたいと思うようになり、大学院を中退して発達相談の仕事に就きました。

そこで出会った障害のある子どもたちが、少しずつでも発達していく姿を見て、その変化をお母さんと喜びあうことは何ものにも代えがたいやりがいでした。発達相談の限られた時間のなかではあるのですが、ちょっとした変化も見逃さないようにしていましたし、子どもたちもまた、相談員の期待を感じてか、普段見せない「がんばり」を見せることも多かったのではないかと思います。しかし、前回の相談時には「できた」のに、今回は「できない」という姿にぶつかることも多かったのです。ときには、お母さんの不安そうな表情を見て、内心はあせりながらも、口では「できることの質や意味が変わってきたんでしょうね」などと言っていたのではないかと思います。そうした、一見「逆戻り」する姿をどう理解したらよいのか、右肩上がりの価値観に縛られていた私には大きな試練でした。

「逆戻り」の理由はさまざまですが、発達の必然性のなかでおこる「逆戻り」もあるということを、私は青年・成人期のなかまたちから学んできました。そして、それは自分の価値観を変えることにもつながっていきました。

◉ふとんにもぐる日々

幼いときからエネルギッシュで体力もあったケンゴさん（仮名）は、他のなかまたちと同じように、思春期という変わり目の時期に、パニックを起こすことが増え、生活リズムも乱れるようになりました。力も強くなったケンゴさんに悩まれたご両親は、高等部進学を前に学校の先生に相談します。その結果、力をもてあましているケンゴさんには、規則正しい生活リズムと規律を重んじ、スポーツや作業に熱心にとりくんでいる全寮制の学校がよいのではないかということで、高等部は他県の養護学校（特別支援学校）に進学しました。ケンゴさんは、運動でも作業でもおおいに力を発揮し、スポーツ大会では優勝することもありました。しかし、エネルギッシュでありながら、とても生真面目《きまじめ》で心優しいケンゴさんは、周りの枠や期待に合わせて行動するだけで、自分の思いをつくらないままだったのでしょう。長期休暇で自宅に帰省すると、生活リズムの乱れが激しく、ご両親の声かけも聞き入れられなくなっていきました。

　高等部を卒業し、地元に戻ったケンゴさんは自宅から作業所に通いはじめます。そこでも、職員の言うことにきっちり従おうとするところがあり、「問題なく」作業所生活がスタートしたのですが、ある日、睡眠不足で朦朧《もうろう》としながらも仕事を続けようとするケンゴさんの姿を見て、職員はショックを受けます。「がんばり屋のケンゴさん」という評価は間違いなのではないか、本人を追い詰めているのではないかという気づきでした。そして「しんどいときは休憩していいいんだよ」と声をかけることから、ケンゴさんへの試行錯誤の実

践が始まっていきます。
　暑い夏の日が続いたある日、作業所から迎えの車が家に来ても、ケンゴさんは部屋から出てきません。職員が部屋に入ると、ケンゴさんはふとんにもぐったまま。声をかけると、「寝る！」「（作業所に）行かない！」、そして「イヤ！」「仕事嫌い！」とはっきりと拒否をしたそうです。それを聞いて、職員はようやく彼の本心を聞けたと、ほっとしたような気持ちになったと言います。ケンゴさんにとって、本心を言っていいんだという安心感・信頼感が芽生えていたからであり、それはとても大きな変化だったと考えます。
　その後も作業所に通所できない日々が続くのですが、そのときのケンゴさんにとって職員はまだ、「何かをやらせようとする人」でしかなかったのでしょう。数日おきに職員はようすを見にいくのですが、ふとんにもぐっているケンゴさんのそばにいながらも、「行こう」「仕事だよ」という声かけはせずにしばらく見守ります。はじめの頃は、亀のように固まっていたケンゴさんですが、ある日、ふとんの中でゴソゴソ動いて、職員の様子をうかがっている気配を感じたそうです。そこで職員がダメでもともと「荷物がたくさんあるから、手伝ってくれないかな」と声をかけたところ、「いいよ」と言ってガバッと起き上がります。そばにいても「○○しよう」「○○しなさい」と言わない職員に対し、徐々に自分から気持ちを向けてきてくれたのでしょう。ケンゴさんの呼吸に合わせるようなやりとりのなかで、自分で一歩を踏み出した感動的な日になりました。

◉再びもぐりこむ

しかし、コトは順調に運びませんでした。家族の事情で突然にショートステイを利用せざるを得なくなり、その日はなんとか過ごしたのですが、その後、再び通所できなくなってしまいました。このときのケンゴさんの不安と不満は本当に大きいものだったと考えます。もしかしたら「裏切られた」という思いだったかもしれません。自閉症だから、人との関係をつくりにくいのではなく、本当に繊細に人との信頼感をつくっていこうとしているのだということを痛感させられます。

再びふとんにもぐりこんでしまったケンゴさんに対し、今度は、前回よりももっとゆっくり時間をかけて、自分から出てくるのを待つことにしました。そして、冬を迎える頃に、彼は、ふとんから出て小グループでの外出活動に参加します。作業所で仕事をすることには気持ちが向かわなくても、楽しい外出活動であれば行けるかもしれないと、職員は声をかけていました。その日、ケンゴさんは電車に乗って琵琶湖畔に行き、そこで他のメンバーといっしょに餃子《ぎょうざ》定食を食べたそうです。よほど美味しかったらしく、翌朝、早朝に起きたケンゴさんはコンビニに餃子を買いに行ったそうです。単に餃子定食が美味しかったというだけでなく、みんなといっしょに食べたこと、自分で決めて参加できたこと、いろいろな意味とねうちをもった「美味しさ」だったのではないでしょうか。

その後、数年は、自分で決めたルール（通所する曜日を自分で決める）で通所していました。自分で自分の生活を組み立てるという手ごたえを感じていたのだと思います。そして、今度は自ら納得してショートステイにも挑戦し、今では、毎日あたりまえに通ってきています。ある日、職員が「毎日、来ることができましたね」と声をかけたところ、ケンゴさんは穏やかな表情で、職員のことばに耳を傾けていたそうです。

◉ケンゴさんが教えてくれること

この事例から私たちは何を考えなければならないのでしょうか。まずは何よりも、「力には力で」「ダメなことはダメ」という指導観、教育観を厳しく問い直すことが必要でしょう。こうした力づくの指導観、教育観は、時代にかかわらず常にはびこりやすいものです。本人が自分の生活、そして人生の主体になりゆけるような支援や教育のあり方は、職員集団、教師集団で常に問いつづけていかなければなりません。ケンゴさんのように「がんばり屋さん」に見える人ほど、本当にそうなのか考える必要があるでしょう。

もう一つは、発達とはけっして右肩上がりに進むような平坦なものではないということです。発達とは、他者との共感のもとに、自分で自分をつくりなおすという営みであるからこそ、これまでの自分を強く否定したり、周りとの関係を崩したりすることが必要になることもあるのです。そうした変化をすぐに否定的なものとしてとらえるのではなく、長い目で見ていくことも大切です。そのためにも、実践や事例を語りあう時間が必要になります。

三つめは、青年期は人生の節目にあたるからこそ、ケンゴさんのような姿がよく見られやすいのですが、これは、幼児期や学齢期の子どもたちでも実は見られる姿なのです。とりわけ、発達のふしと言われる時期は、こうした「逆戻り」がよく起こります。「逆戻り」の意味はなんなのかを考えることから、子どものもつねがいが垣間見えることもあるのではないでしょうか。

コラム3

発達の節は〝発達の危機〟

発達には、量的に広がる側面と、質的に変る側面がある。2メートルを歩ける子が3メートル歩けるようになる、数の6がわかったら7もわかるようになる…これらは、どちらかと言うと、量的な広がりだ。それに対して、外界や自分のとらえ方、外界への自分の関与のさせ方が質的に変わる時期があり、これを「発達の質的転換期」とか「発達の節」と呼んできた。

たとえば、乳児期から幼児期への大きな変わり目である「1歳半の節」。感覚レベルで相手のことばを聞いていた子が、ことばの意味に気づくようになるという大きな変わり目だ。スプーンや鉛筆などが、なんらかの目的のために使う手段、すなわち道具であるという認識が生れるのも、この「1歳半の発達の節」である。周りがスプーンや鉛筆を使っているのを見て、自分も触ってみたいと思うのは1歳前から見られはじめる。しかし、まだ鉛筆が描く道具という認識には至っていないため、なんとなく紙につけていくようなまねはするが、鉛筆のお尻を紙につけていても（したがって、描線は残らなくても）、それで満足する。しかし、「1歳半の節」に近づくと、それでは満足しなくなり、うまく描けないことを感じて、鉛筆を放り投げることがあるかもしれない。スプーンを持つだけで満足し、実際には手づかみで食べていた子が、ちゃんとスプーンという道具でごはんを食べたいという発達要求を芽生えさせると、そこから新たな葛藤が始まる。スプーンを使うというのは、とてつもなく複雑な技術を必要とするからだ。するとやっぱりイライラして、スプーンを放り投げたり、場合によっては食事そのものを拒否

コラム3

するようになる。

障害のない場合でも、この「節」において、いったん発達が後戻りすることが見られやすい。うまく描けない、食べられないと思って鉛筆やスプーンを持つこと自体を拒否する姿は、まさに発達の後戻りでもある。それまでは、おとなの模倣で鉛筆を持っていたのに、それすらしなくなる。手づかみとはいえ、自分で食べることができていたのに、スプーンを使おうとすることによって、自分で食べることすらできなくなるからだ。相手のことばの意味に気づくがゆえに、ことばを拒否することも増える。

こうした姿は成人期のなかまにおいても見られることがある。それまでは職員との人間関係のなかで、職員のまねをするように仕事をしていたのが、「わたしは何のために、これをするのか」「おれにとって、これはどういう意味があるのか」を考える段階に一歩入ってきたとみることができるだろう。すると、表面的にはそれまでできていた仕事すらしなくなり、作業室をとびだしたり、仕事の材料や道具を放ってしまったり、別室にこもったりするかもしれない。

「発達の危機」は、子育ての危機、教育の危機にもなりやすい。療育の場では、そうした葛藤を抱える子どもたちに、ゆったりと自分に手ごたえが感じられるようなあそびを提供する。自分の身体や手指を使い、「ぼく（わたし）ってすごいでしょ」と思えるようになると、道具を使う葛藤ものりこえていく。成人期においては、こうした葛藤をのりこえるために、どのような実践が求められるのだろうか。

第4章　集団のなかで自分らしく

個を大切にすること、一人ひとりのニーズをつかんで支援を行うことはもちろん必要なのですが、それはけっして個別支援だけを意味するものではありません。一人ひとりを切りはなしてバラバラにしてしまえば、そもそも「その人らしさ」「かけがえのなさ」は意味をもちません。一人ひとりが「その人らしく」生きていくためにも、集団や他者との関係をとらえることが不可欠です。

今回は、集団やなかまと過ごすことのねうちについて考えてみたいと思います。

◉みんなといっしょに自分でする

田中昌人さんは著書『講座　発達保障への道』*1のなかで、全国に先駆けて保育園に重い障害のある子を受け入れていった大津市のことを書いています。そのとりくみは、つくし保育園という民間の保育園での実践から始まっていきました。

＊1　田中昌人『講座　発達保障への道』全障研出版部、初版1974年、復刻版2006年

1967年、多動で片時もじっとしていないタカシくん（4歳）の入園にあたっては、園内でも大きな議論があったようです。当時、大津市には20数か所の保育所と幼稚園があり、タカシくんのお母さんは片っ端から訪ねていったのですが、「気持ちとしては受け入れたいが人手が今でも不足しているので」と、どの園からも断られていました。つくし保育園でも、討論が繰り返されました。加配制度もない当時、保育者の負担が増えることは目に見えていましたし、タカシくんの安全を守れるのか不安も大きかったことでしょう。しかし、きょうだいも友だちもなく、「遊ぶところ、自分の力を発揮するところを探して動きまわるタカシくんを、おかあさんは一日じゅう追い、疲れ果てて」いました。保育者たちは、「①働く婦人の権利を守る。②差別を許さない保育をする。③民主的な運営をおこなう。④地域の保育運動をすすめる」という園の基本方針に立ちかえった討議の末、タカシくんの入園を実現させます。その後の保育園生活のなかでタカシくんは、「友だちに手をつないでもらうとスムーズに部屋に入る」「あかちゃんの部屋へ行ってミルクを飲ませようとする」という変化を見せるのですが、こうした事実を発達とみるのか、お母さんにとっては大きな意味をもっていた保育園入園だけれど、タカシくんにとって保育園がよかったのかどうかについては確信には至らなかったようです。

4年後には、重度の発達の遅れをもつユミちゃん（5歳）が入園します。ユミちゃんは、歩行や話しことばの獲得には至っていませんでした。家では、お母さんに両手を支えられて歩いているのですが、保育者が手を出すと、ギャーッと泣いて歩こうとはしませんでした。入園して1か月後、おやつの時間の前、ユミちゃんはクラスメイトのノブちゃんの手を持って歩きます。保育園じゅうがわきたちました。しかし、園ではじめてできたことであっても、家ではすでにできていることであり、「ほんとに保育園がユミちゃんにとって意味があるのやろか」という意見が出されます。カンカンガクガクの議論をした結果、「ノブちゃんと歩いたときのユミちゃんの顔には、これまでになかった新しい経験をしたときの感激した輝きがあった」ことを共有し、「家の中だけでしていたことが保育園でもできる、お母さんとだけしかできなかったことが友だちとできる」ことも、大切な発達だという見方を深めていきました。また、「とてもおこりんぼで、ちょっとしたことにでも大声をはりあげて友だちにくってかか」るノブちゃんが、「あんなにユミちゃんの気持ちがわかり、…心を結びあわせる力をもっているのだ」と、それまで見落としていた子どもの力までもとらえるようになっていました。

田中さんは、こうした子どもたちの事実と実践をふまえて、「人格の解放をきりはなして『能力の発達』だけをとらえていると、『一人でする』も『みんなといっしょに自分でする』も同じ結果をもたらすものとしてしか理解できなくなったりします。しかし、人格の解放と結合した能力の発達をめざしていくとき、『一人でする』だけでは『能力の発達』は実現できても人格の解放は困難であり、『みんなといっしょに自分でする』なかで実現するものは得られないことがわかってきます」と書いています。単語を話した、歩けるようになったという能力の発達だけで見るのではなく、ノブちゃんといっしょに歩いたこと、家でお母さんとの関係でできていたことが、保育園で友だちとの関係でできるようになったことの意味やねうちを考えたとき、そこにはユミちゃんの「人格の解放」があると言うのです。もちろんそれは、ただ集団に放りこむだけで実現するものではなく、集団そのものの発達を創り出してきた保育があったからであり、田中さんは「集団のなかに差別を許さない民主主義を実現」する課題とまとめています。それは、集団のなかで一人ひとりを大切にすることであり、同時に一人ひとりを大切にできる集団づくりということになるでしょう。

そして、タカシくんや、ユミちゃん、ノブちゃんたちは、1973年4月、障害をもっているため、早期にゆきとどいた保育を必要とし、父母が入園を申し込んでいた66名全員を大津市の保育所と幼稚園に受け止めるという「保育元年」を創り出す力になっていきました（なお、国の障害児保育制度が始まったのは1974年です）。

◉成人期のなかまの姿から

先日、大津市にある唐崎やよい作業所で、40歳代半ばになった自閉症のハルオさん（仮名）の発達診断をしました。ハルオさんは、ことばは少なく、オウム返しで答えることが多い人です。思いを表現する手段が限られていることもあり、人とのかかわりにおいては、不安や緊張の高さがみられます。それがときに自傷行為や他傷行為に結びついてしまうこともありました。20年前、10年前にも発達診断をしており、そのときと比べて発達段階が変わったわけではないのですが、明らかに「ゆたかに」なっていることを実感しました。

発達診断場面で積木を提示すると、ハルオさんはいつも自分のほうに即座に引き寄せて、自分で構成します。20年前、20歳台の彼はすぐに全部を積み上げました。操作性の高い彼は、素早くきっちりと積み上げます。10年前、30歳台の彼は、積むことはせず、平面的に2列にすきまなくきっちりと並べました。そして今回…やはり平面的に2列に並べるのですが、すきまを絶妙な間隔で空けるのです。2センチくらい空けてつぎの積木を置き、次は1センチくらい空けて、その次は5ミリくらい空けて…と、その並べ方にはリズムがあり、そのリズムをニヤリと楽しんでいるようです。また、模倣が得意な彼は、ちょっと難しい構成でもモデルと同じように作る力を20年前も発揮していました。それは今も変わらないのですが、今回はじめて見られたのは、作っている途中で積木が倒れてしまったときに、嬉しそうに笑ったのです。しかも、最後にうまくいかないと、適当に違うものを作って涼しい顔をしています。律儀に同じ物を作ることが多かったハルオさんでしたので、とてもびっくりするとともに、「なんか、いいなあ」とこちらも嬉しくなりました。

◉Aサン、スキ

感覚的にも敏感なハルオさんは、車など好きな世界をもちつつ、「苦手な感覚」がたくさんあり、それは幼いときから偏食の強さなどにあらわれてきました。人との関係でも、どちらかというと「苦手な人」をつくることのほうが多かったように思います。その彼が、数年前に家でポツリと「Aサン、スキ」と言ったそうです。そのことをお母さんから聞いた職員はビックリしましたが、納得もできたようです。Aさんは同じ作業所仲間で、やはり車や電車が大好きです。散歩の途中で、二人でじっと工事車両を見ていたりするそうです。お互い、ことばを交わすわけではないのですが、Aさんも車の好きなハルオさんのことが気になってきたようで、仕事のなかでも「ハルオサン、ドウゾ」と声をかけます。

ケース会議では、いつもはオウム返しになりやすいハルオさんが、なぜ「Aサン、スキ」と言ったのだろうということが話題になりました。そして、そこではBさんの存在が大きいのではないかということが見えてきました。Bさんは、どちらかというと、いろいろな人にフレンドリーで、よく「○サン、スキ」「○サン、スキ」と言っています。そのことばをハルオさんは聞いていたのでしょう。しかしハルオさんは、なんでもかんでもオウム返しにするわけではありません。自分の気持ちにヒットすることばをまねて返しているのではないかと思うのです。ハルオさんとAさんとは20年来の関係ですが、若いBさんは数年前から通所するようになりました。Bさんのことも好きなのだと思いますが、Bさんのことばに触発されて、「Aサン、スキ」と表現したことに感動を覚えます。

◉職員との閉じた関係だけでなく

「個別の指導計画」「個別支援計画」の作成が強調されるようになった頃から、療育でも学校でも成人期障害者施設でも、一人ひとりの違いを大切に、できるだけ個別に支援していくことが重視されるようになりました。しかし、個別性が強調されるなかで、見えなくなっていることはないでしょうか。一般的に、障害が重度であればあるほど、よりていねいに、ときにマンツーマンでかかわっていくことが必要になるのは事実です。しかし、教師や職員などの支援者とのかかわりだけで世界を広げていくわけではありません。障害が重度であっても、必ず、仲間同士の関係、子ども同士の関係のなかで、職員やおとなとの関係では見せることのなかった「顔」を見せます。

ハルオさんの場合、自閉症という障害ともかかわって、見たこと・聞いたことにそのまま自分を合わせてしまう（模倣や模写をしてしまう）ところがあり、拒否をすることはあっても、やっぱり職員の求めることに応えてしまいがちです。ことばのやりとりは難しく、意味レベルでの理解よりも感覚レベルでとらえることも多いのですが、その分、より鋭く職員の意図をキャッチしてしまうのでしょう。職員としては「ハルオさんらしく」「好きなことを大事にしてほしい」とねがいますが、職員とのかかわりでは、本当にやりたいことなのか、職員に合わせているだけなのか…と悩むことになります。しかし、仲間との関係では、「～しなければならない」と相手の意図を鋭く感じなくてもよいようです。そのために、対等の関係がつくられていきやすいのでしょう。好きなものが共通しているAさんとの関係をみると、Aさんのほうがことばが多くて、「ハルオサン、ドウゾ」とお世話をすることが多いのですが、散歩や仕事の途中で立ち止まって車を見ることにちょっぴりうしろめたさを感じているAさんにとっては、ハルオさんは大きな支えのようです。Aさんから頼りにされていることをハルオさんも感じ取っているのかもしれません。

支援者としては、一人ひとりを「ていねいに」見ることで、逆に見えなくなっていることはないか、仲間や友だちとどのような関係をつくっているのかなど、常に複眼的に子どもやなかまを見ていくことを大切にしたいものです。そして、誰もが集団のなかで自分のねうちに気づけるような集団づくりをめざしていきたいですね。

コラム4

子どもが主体的になるために

発達の初期であっても、また、障害の重い人であっても、おとな（職員）と子ども（なかま）の違いは、敏感に感じ取っている。

肢体不自由と知的障害をあわせもつOくんは、自分の世界に閉じこもりがちで、自分の身体をゆらしたり、自分の手をなめてあそぶことが多かった。療育に通いはじめると、ずりばいで少し動くようになった。さらに、ブランコあそびが大好きになり、笑顔も増えていった。しかし、大好きなブランコあそびも、自分から「のりたい」と訴えてくることはなく、先生からブランコあそびに誘うことが必要だった。ずりばいも、誰も見ていないところでは動くのに、おとなの視線を感じるとけっしてしようとはしなかった。どうしたらOくんがもう一歩、主体的になってくれるか、自分から要求を出してくれるだろうかと、先生たちも悩みながら保育をする日々であった。

そんな折、Oくんのクラスに Bくんが転入してきた。お父さんがヨーロッパ系で、Bくんは髪も瞳も明るい茶色。怒ったり泣いたり笑ったりという表現がはっきりした魅力的な子であった。Bくんもたちまちブランコあそびが好きになり、友だちがのっていると「自分ものりたい」とばかりに大きな声で訴え、自分がブランコにのる番になると、歓声が部屋に響くようになった。Bくんが転入してきて数か月後、OくんがBくんの姿をよく目で追っていることに先生たちは気づいた。はじめてOくんが友だちを意識するようになったのである。

コラム４

それから１－２か月たった頃だろうか。ブランコあそびの場面で、Ｏくんが、先生とブランコを交互に見返すようにして、ブランコにのりたいことを先生にアピールするようになった。自ら要求を出してくることが少なかったＯくんが、相手に明確に伝わるような訴えをするようになったことに、先生方もお母さんも大喜びをした。

自分の身体や手で外界を確かめることに制約を抱える肢体不自由の子どもたちは、体験不足なども重なり、実際にもっている機能も発揮しようとしないなど、受け身の姿が目立つことがある。そんな肢体不自由の子どもたちだが、Ｏくんの例のように、友だちの存在がもつ意味は大きいと実感することがよくある。

肢体不自由児に限らない。自閉症の子どもたちにおいても、おとなとの関係では指示待ちになりやすかった子が、友だちの顔を自分からのぞきこみにいくような変化を見せることがある。おとなは意図がはっきりしている。「こんな力をつけてほしい」「こうなってほしい」とねがって指導や支援を行っているのだから当然だ。子どももそうした教師や職員に対し、「自分がこうしたら、このように返してくれるだろう」と理解しやすい。それは、子どもにとって大きな安心感につながる。いっぽうで友だちは、突然に泣き出したり、怒り出したりもする、何だかよくわからない存在だ。しかし、「あなたにこうなってほしい」という下心（？）はもっていない。だからこそ、おとなにはない魅力があるのだろう。子どもたちが主体的になっていくとき、友だちの存在は不可欠だと思う。

第5章 「発達段階」をとらえる意味

第2章で、障害理解という観点と、発達理解という観点のちがいについて触れました。障害理解とは、子どもの抱える困難や不安の背景をとらえることであり、発達理解とは、徹底的にその子自身を主語にして、その子が何をねがっているのか、何とたたかっているのか、何を変えようとしているのかを見ることではないかと書きました。そして、いずれが正解かではなく、両面から見ることで子ども理解が深まっていくのではないかと…。

今回は、発達的にみるということについて、とりわけ、発達段階をとらえることの意味を考えます。

◉映画『ぼくらの学校』の田植えシーンから

1979年の養護学校義務制実施の10年前、1969年に与謝の海養護学校が開校しました。その学校づくり運動のなかで大事にしてきた「学校設立の基本理念」の一つに、「学校に子どもを合わせるのではなく、子どもに合わせた学校をつくろう」があります。この理念は、卒業後の作業所づくり運動では「仕事になかまを合わせるのではなく、なかまに合わせた仕事をつくろう」に引き継がれていきます。それから、約50年がたちましたが、学校でも成人期施設でもこの理念に何度も何度も立ち返って点検していく必要性を痛感しています。

この与謝の海養護学校で開校当初からとりくんできたことに〝コメ作り〟があります。小学部から高等部まで、肢体不自由の子どもも知的障害の子どもも先生も地域の人もみんながいっしょにとりくんできました。開校から10年がすぎ、国際障害者年を記念して作られた映画が『ぼくらの学校——与謝の海養護学校の実践』（1981年）ですが、そのなかに田植えのシーンがあります。田んぼのぬかるみにおそるおそる足をつける子、泣き顔になっている子、泣いている子に寄ってくる子、ダイブでもしたのか顔にもからだにも泥をいっぱいつけて満足げな子、一人ひとりの子どもの表情が生きいきと映し出されます。田植えですから、苗を植えないといけないのですが、みんなが苗を植えているわけではありません。苗には見向きもせず、黙々と泥に手をつっこんでいる子もいます。

実は、この撮影の数年後、当時、大学院生だった私は与謝の海養護学校の田植えに参加しました。生まれてはじめての田植えにドキドキでしたが、どろんこのずっしりとした重みと、太陽の恵みを吸い込んだようなぬくもり、すべてを包み込んでくれるようにしっとりとした感触は今も鮮明によみがえります。映画のなかの子も、いつも触っている砂や泥とはちがう、重みやぬくもりに心を動かしていたのかもしれません。そのうち、口もそっと近づけていきます。

同じ田植えという場面で、同じ田んぼや苗という外界に対し、一人ひとりの子どもが異なるかかわりをします。ある子は植えている苗がお米になったらみんなでカレーを作って食べたいなと考えている。ある子はどれくらいの間隔を空けて植えたらいいのかを考える。ある子は上級生のやり方を見て一所懸命にまねようとする。ある子は苗には見向きもせず、どろんこの感触を確かめる。外界の取り込み方も、関与のしかたも一人ひとり異なっている…。それは、発達段階のちがいという見方もできると思います。子どもたちは、それぞれの意図と創造性をもって外界に働きかけ、その結果を受け取ることで、自分自身の内側を新たにつくり変えていきます。それが発達という営みなのですが、その際の意図のつくり方や、創造性のなかみ、結果の受け取り方が、発達段階によって異なるわけです。

◉見ることも参加?

映画の田植えのシーンでは、次のことも語られます。

開校当初、コメ作りを始めた頃は、肢体不自由が重く車いすに乗っている子どもたちは、車いすに乗ったまま田んぼの畔《あぜ》から田植えを見ていました。それを先生たちは、「見ることも参加」と積極的に位置づけていました。しかし、あるとき、一人の子が「ぼくもしたい」と訴えたのです。先生たちはそれを聞いて愕然《がくぜん》とします。「見ることも参加」は、教師側の価値観の押しつけにすぎなかったと気づいたのです。そこで、田んぼの中に長いすやたらいを運びこみ、長いすに寝転がったり、たらいに座ったりしたままの姿勢で田植えに挑戦できるようにします。教師が3人がかりで、子どもをたらいに乗せているシーンもあり、先生たちは大変ですが、子どもも先生もあふれんばかりの笑顔です。

「歩けない」「マヒがある」といった、目に見えやすいところしか見ていなかった先生たちが、意図や創造性など子どもの内側にある発達の力に応えることが大切だと気づいたのです。逆に、肢体不自由などの目に見える制約がなく、一見自由に手や身体を動かせる子の場合にも、子どもの意図や創造性をきちんと見ないと、無理にでも苗を植えさせることになったり、どろんこに触れた際の驚きや満足感などは余分なこと、無駄なこととして切り捨てたりしかねません。

内側にある発達の力は、一見わかりにくいものです。だからこそ、支援者は発達を見る目を養いつづけていく必要があります。発達検査などが手がかりになることもありますが、実践を通しての子どもとの「対話」が何よりも重要だと考えます。

◉なんのために仕事をするのか

作業所などの成人期の実践においても、こうした発達的理解は重要な意味をもちます。ヒデキさん（仮名）は、もともと下請け作業などをしていたのですが、ビーズを使ったアクセサリーなどを作る班ができた際に、その仕事をしたいと立候補します。ゆっくりしたペースですが、「きれいやな」「かわいいな」とおしゃべりも楽しみながら作業にとりくんでいました。しかし、半年くらいたった頃から、作業の手が止まることが目立ってきました。表情も冴えず、そのうち指の皮めくりをしはじめます。指に血がにじみ、ビーズが汚れてしまうこともありました。周囲の声かけも徐々に届かなくなっていきます。生活のなかに、これといった原因が見当たらなかったため、「この仕事は難しかったのかな」「別の作業班のほうがいいのか」と職員集団でも検討しました。しばらくして、ヒデキさんのごきょうだいに赤ちゃんがうまれ、彼は「おじさん」になりました。それから間もなく、彼は「〇〇ちゃん（姪《めい》）にあげる」と言って、またビーズ作業にもとりくむようになったのです。その後は、姪っ子のためでなくても、ビーズ作業にとりくんでいます。

ヒデキさんは、発達的には３歳すぎの〝２次元形成期〟（２－３歳頃の発達の時期）にある方です。一般的に４歳半頃の節をこえて〝２次元可逆操作期〟に入っていくと、目に見えない世界のつながりをとらえる力が高まります。その結果、直接「○○さんのため」ではなくても、誰かが使ってくれる、誰かが喜んでくれるといった目的意識のもと、自分の仕事の価値を見いだしていくようになります。あるいは、月末にもらう給料と、今やっている仕事のつながりも理解するようになります。しかし、その前の２次元形成期だと、そういった目に見えないつながりを理解するには至らず、「がんばってお仕事しよう」「がんばらないとお給料出ないよ」と言われても、職員から無理やりやらされる仕事になってしまうことがあります。

ビーズ作業を始めた頃のヒデキさんは、新しい仕事へのあこがれと同時に、色のきれいさといった感覚的なものに心惹かれていたのかもしれません。しかし、それだけでは、徐々に物足りなくなり、仕事の意味を見失っていったのではないでしょうか。姪っ子にあげるという具体的なねがいができたとき、彼はもう一度仕事の意味を取り戻していきました。

別の作業所のなかまで、誕生会で友だちにプレゼントするという目的をもつことで仕事に意欲的になった人もいます。さきほど発達段階のちがいによって、意図や創造性のもち方が異なると書きましたが、それは仕事における目的意識のつくり方にもかかわってくる

のだと言えるでしょう。
　そして重要なことは、意図や創造性のもち方に優劣はないということです。どろんこの感触を確かめるより、苗の植え方を考えることのほうに価値があるわけではありません。姪っ子のために作ることと、見知らぬ誰かのためという、より社会的な意味を知って作ることとは、価値的には同じものとして理解されるべきです。大切なのは、第1章でも書いたように、〝本人さん〟の目線を尊重することではないかと思うのです。

◉本人の理屈を知る

　こんなこともありました。

　なかまたちが作った製品を販売するお店には喫茶コーナーがあり、その当番をなかまたちが担っていました。ヒデキさんもその当番をしたいと言います。職員としては、そのためにまずは作業所内で行われる喫茶タイムで手洗いなどがしっかりできるようになってからと考えます。しかし、ヒデキさんは納得しません。職員の「〜をするためには、まずは〜をがんばりましょう」という理屈――〝先〟にあることのために〝今〟をがんばるという時間をさかのぼるような理解――は、2次元形成期にある人にとってはちょっと難しいことです。保育園や学校でも、給食後にあそびたいと言っている子に、「あそびたいんだったら早く給食食べてね」とか、それでも早く食べられずにあそぶ時間がなくなってしまった子に、「だから、早く食べようって言ったでしょ」と怒っても、それはどうにも努力ができないことなのです。ちょっとでもあそべたときに「よかったね」と声をかけてもらったほうが互いに気持ちがいいし、日課そのものを見直すことも必要になってくるでしょう。ヒデキさんの場合は、実際にお店の喫茶当番にチャレンジすることで、日ごろの喫茶タイムでもがんばるようになりました。

教師や職員としてはよかれと思ってする声かけや支援が、本人からすると、自分を否定されたようにしか思えないというズレは、いろいろな場面で起こります。その際に、いちど発達的な理解をくぐることで見えてくることもあるのではないでしょうか。

コラム5

可逆操作

田中昌人らは、発達をとらえる際に「可逆操作」という概念を用いた。発達をとっつきにくいものにしている一つの要因が、こうしたことばの難しさにあることは否めない。しかし、「可逆操作」の概念で発達をとらえることの意味は大きい。「可逆」とは、文字どおり「逆が可能になること」である。「行きっぱなし」「開けっぱなし」「言いっぱなし」でなく、「行って戻る」「開けて閉じる」「言って、相手の答えを聞く」といったように、逆が可能になることによって、それらの力はより確かで安定したものになる。子どもたちは発達につれ、この「可逆操作」をより高次なもの、複雑なものにしていく。

私は、認知症の父を見て、認知症の進行によって、この「可逆操作」が崩れていくことを実感した。もともと車の運転が好きだった父だが、逆走しかけるなど、「危うさ」を感じることが増えたため、運転をさせないように母に話した。「運転をやめたら、〝ぼけ〟が進まへんか」と母は心配したが、いったん乗らなくなったら「乗りたい」と言うこともなかった。

運転をやめて2年ほどしたときであったろうか。久しぶりに実家に帰省した際に、母親の運転で買い物に出かけた。父親は助手席に、私は後部座席にすわったのだが、スーパーに着いて、母と私が車から降りても父はなかなか降りてこない。「どうしたん?」とのぞきこむと、助手席に乗っていた父親が、おもむろに運転席のほうに移動しようとしており、その後、運転席側のドアから降りた。座席を移動しているときは硬直した表情だったが、車から降りると、ほっと

コラム５

表情が緩んだ。ドアの開け方がわからなくなったのだろうが、だからと言って、いろいろといじっているわけではない。父は、母親が降りた側を追いかけるように降りた。そもそも同じドアから「入る－出る」という可逆操作が難しくなっている印象を受けた。

可逆操作が崩れることと呼応するかのように不安感が高まっているように思えた。可逆操作とは、自分で外界に働きかけ、その結果を自分のなかに受け止めていくことでもあるのだが、それが難しくなった結果、母や誰かの行動を後追いすることが増えたのだろう。そういえば、その頃、母の後ろにぴたっとくっつくようにして歩く姿をよく見かけた。

この父親の姿から、子どもたちが可逆操作を獲得していくことの意味を、あらためて実感することにもなった。それは、とんでもなくすごいことなのだ。子どもたちが外の世界に働きかけ、その結果を自分の世界に取り込んでいくという可逆性、「～デハナイ～ダ」と試行錯誤ができる可逆性は、子どもたちが自分の行動を自分で決めたり、自分を周囲に埋没させるのではなく、確固とした自我をつくることとも深く結びついているのではないだろうか。

また、新たな可逆操作を獲得しようとする段階（＝発達の移行期）において、不安感が高まり、周囲のおとなへの愛着的行動が増えることもうなずける。子どもたちは、愛着という形で、周囲の力を借りながら、新しい世界へ足をふみだしていくのだろう。

第6章 「キャリア教育」を考える① なかまたちから学ぶ

ここからは、特別支援学校での「キャリア教育」について考えてみましょう。

「キャリア」とは、もともと〝積み重ねた経験〟という意味であり、「キャリア教育」とは、一人ひとりのその人にしかない経験の積み重ねの歴史を尊重していく教育という意味でもあったはずが、特別支援学校では、「就労」という画一的なゴールに向けて、逆算的に小学部、中学部にまで課題が押し付けられる動きが強まっています。

学齢期には学齢期ならではの、青年期には青年期ならではの大切な課題があることが軽視され、「就労」につながることだけが重視されることは、発達観をも歪めるものです。障害のある人たちの「キャリア教育」を考えるとき、成人期のなかまたちはたくさんのことを教えてくれているように思います。

◉障害のある人の労働を模索してきた作業所実践の歴史から

障害のあるなしにかかわらず、青年期・成人期において、労働は人間発達に不可欠の営みであり、大切な権利です。そもそも労働は、外の世界をつくりかえ、なんらかの価値をうみだす営みです。そして、人は、その営みを通して新しい自分をつくりだしていきます。また、多くの場合、働いた対価として給料を得て、その給料で衣食住をまかない、余暇をすごし、次の日も働くためのエネルギーを充電します。そのプロセスで、自分への誇り、生きがい、人とのつながり、社会へのまなざしを創出し、自分を成長させながら、周囲や社会をも変えていきます。

こうした労働の本質は、障害のある人にとっても同じです。障害があって、「生産性」が低いから、時間がかかるから、効率が悪いからと、働く意思のある人が労働から疎外されてはならないし、逆に、無理やり働かされることによって、自分への誇りや生きがいを失わせられたり、自分の「できなさ」「弱さ」にばかり向きあわされたり、人や社会との関係が断ち切られたりということがあってはなりません。

こうした労働の本質を見据えて、「障害があっても働けるんだ、働きたいんだ」「働くことは権利なんだ」という理念をもってつくられたのが、１９７０年代から１９８０年代にかけて、全国各地に広がっていった共同作業所でした。しかし、障害の重い仲間が多い作業所では、多くの困難にぶつかっていくことになります。『みぬまのチカラ』[*1]から、その歴史を振り返ってみましょう。

◉みぬま福祉会の実践から

『みぬまのチカラ』では、埼玉のみぬま福祉会で、試行錯誤しながら重い障害のある人の労働のあり方を模索してきた歴史が綴られています。作業所の開所は1984年。1979年の養護学校義務制実施から5年目の年でした。障害が重いという理由で教育の対象ではないとされ、在宅生活を余儀なくされたたくさんの子どもたち。学校教育法施行後30年以上もたって、ようやくその子たちがあたりまえに教育を受けられるようになったのが、養護学校義務制実施です。毎日、学校に通うようになると、生活リズムが整ったり、喜怒哀楽がはっきりしてきたり、高いところをひたすら走り回っていた子が、モノやひとに働きかける手ごたえを感じて、もっとしたいと要求を出すようになったり、友だちといっしょに笑いあうようになったりと、一人ひとりの子どもたちが発達する事実をつくりだしていきました。しかし学校生活には必ず終わりがきます。そして、成人期という長いライフステージが訪れます。そこで、成人期という人生でいちばん輝かしい時期を受け止めた作

＊1　みぬま福祉会30周年記念刊行委員会編『みぬまのチカラ　ねがいと困難を宝に』全障研出版部、2014年

業所は、「どんなに障害が重くても働けるんだ」「働くことは権利なんだ」と理念を掲げて歩みはじめました。

しかし、当初、多くの親たちは「わが子は何もできない」「うちの子に仕事なんて無理」と思っていました。この思いは、非発達的な見方ではあるのですが、その当時は、そう見ないとわが子を受け止められなかった…逆に言えば、そう見ることでわが子を受け止められる時代でもあったと思います。でも、もっと深いところには、「仕事ができるかどうかだけでわが子を見てほしくない、わが子がもっている可能性をそこだけで判断されたくない」というねがいも隠されていたのではないでしょうか。職員たちはそうした親のねがいを深いところで受け止めながら、一人ひとりにあった労働のあり方を模索してきました。

全国の他の作業所と同じように、みぬまでも、ぼろ布を裂くウエス作業や空き缶プレスの作業にとりくんでいきます。設備も条件も厳しいなかでは、作業の選択肢は限られていました。しかし、一人ひとりが自分の手で材料に触れ、材料を変化させることは大きな意味をもっていました。たとえば、Aさんは職員と一緒にウエスにする布を裂くのですが、一度で切り裂けないときや、布がかたくて裂けないと感じるとふっとやめてしまいます。外界（布のかたさなど）と自分の力の兼ねあいを感じ取っているのでしょう。ことばや意味の理解は難しくても、感覚レベルで外界や自分を感じ取っていることが伝わってきます。

そこで職員は、「これはかたいなあ」と受け止めたり、「こっちにしようか」と別の布にしたり、「ちょっとかたいけど、もう少しだよ」と声をかけることで、仲間と一緒に相談しながら仕事を進めていきます。なかまもまた、職員の声かけに励まされて、もうちょっと力を入れようとします。そしてビリッと裂けたときに、ふっと表情が緩みます。工賃としてはわずかであっても、そのプロセスにはかけがえのない価値があると思うのです。

また、空き缶や古紙の回収や製品の納品など施設の外に出かけていく仕事は、なかま自身も好きなことが多いことがわかってきます。施設内では、職員から言われてしぶしぶ仕事をするような人が、地域では、自分からはりきってとりくんだり、「ごくろうさん」と声をかけられて誇らしげだったり…。作業所が地域に開かれた実践を展開することで、なかまにとってだけでなく、地域の見方が変わり、地域が成長する機会にもなっていきます。

◉その人にとって何が必要か

重い障害のあるなかまにふさわしい作業を模索していくなかで、「はじまりと終わりをわかりやすくする」「作業の目的をつかみやすくする」といった視点の大切さなどが見えてきました。しかし、「こうしたら障害の重い人も働ける!」と見えたとたんに、そのワクにはまらないなかまが出てきて、なかなか一筋縄ではいきません。「なかまが本当に求めていることはこれなのだろうか」という疑問や違和感も生じてきました。

それまでも、なかまが主体的に参加できるためにはと模索してきた職員集団ですが、「どうしたら作業に参加できるのか」「そのための支援は何か」という問題意識になりがちでした。そこでもう一度、「仕事になかまを合わせるのではなく、なかまに合った仕事を見つけよう」という発達保障の視点に立ち戻った議論をしていきます。そこで得たことは、どうしたら作業に参加させられるかではなく、なかまたちの生活や人生がゆたかになるためにはどうしたらよいのかという、なかまのねがいに立ち戻って考えることでした。

どんなに工夫しても作業を拒絶しつづけたり、パニックや自傷行為につながるなかまもいました。無理に誘わず、できたことを職員が賞賛するのですが、心は閉ざされたままで、それどころかますます関係は悪くなっていきます。大きな壁にぶつかった職員は、何かをしてもらおうと考えるのではなく、まずは彼らのことを知りたいと思うようになります。いろいろ情報を集めてみると、絵を描くことが好きらしい。紙とペンを用意すると、今までなかった表情で生きいきと描きはじめます。それならば絵画や表現活動を仕事にしようということになるのですが、「幼稚園でのお絵かきと同じではないか」「好きなことだけさせるだけでいいのか」という疑問と葛藤が職員集団のなかにあり、何度も議論を重ねていくことになります。

議論と実践を重ねた結果、創作活動を仕事にする新たな工房を立ち上げていくことになります。それまでは、職員が作業の目的を提示し、それになかまが応えていくなかで創りだされる価値であったのに対し、表現活動は、なかまの自発性によるところが大きく、職員はなかまの意欲をひきだす支援と環境設定に徹します。表現活動を労働に取り込むことで、なかまのもっている内面性や可能性をより深く認識できるようになり、他分野の人とのつながりが新たにつくられ、職員自身も自らの創造性をより発揮できるようになっていきました。

◉親も一人の人間として解放される

マヒもあって自分の「できなさ」を強く感じていたBさんは、仕事に向かえず、うつむいて表情をかたくしていることも多く見られました。しかし、織りの仕事に出会うことで、大きく変わっていきます。ときに糸の前で1時間もじっとたたずむBさんですが、実は使いたい糸の色を選んでいたのです。そうして4~6か月かけて4メートルの反物を織り上げるのです。紡ぎだされた織りには、Bさんの時間とおもいが込められています。お母さんは、娘の姿を見て「自分にしかできない表現を持っている一人の人間として娘をすごいと思います。子どもと一心同体の状態からなかなか抜け出せませんでしたが、子どもが一

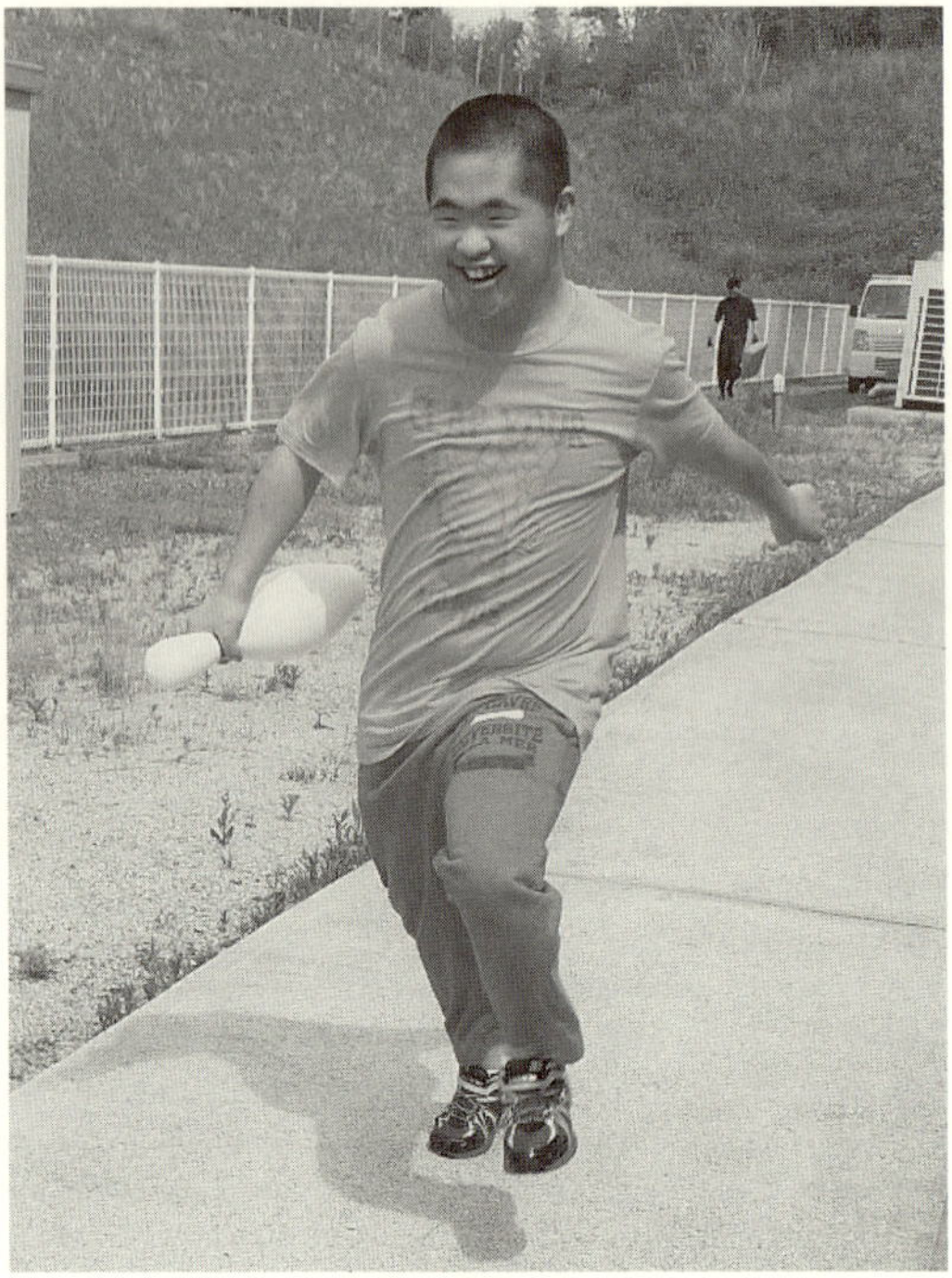

人の人間としてゆたかに輝いている姿を見て、親も一人の人間として解放された気持ちです」と書いています。

このお母さんのことばから、多くの人に支えられていたなかまたちが、「働く」ことを通して、他者を支え、新たなつながりと幸せをつくりだしているのだと実感します。そしてゆたかに人間らしく働くとはどういうことなのかを問いつづけ、それが実現できる社会にしていかなければならないと強く思います。

ここでは、ある法人での実践を例に、何度も何度もなかま一人ひとりの姿を見つめ直し、職員自身の労働観をつくりかえながら歩んできた歴史を見てきました。それは、みぬま福祉会の歴史であると同時に、全国の多くの作業所、施設での実践の歴史でもあると考えます。こうした成人期の実践を、学齢期にかかわる人たちも知ったうえで、学校でのキャリア教育を考えることが必要なのではないでしょうか。

コラム6

あそびから労働へ

あそびと労働のつながりは、昔から指摘されてきた。

あそびも、労働も、自分の意図で外界（自然、モノ、人間…）に働きかけ、なんらかの変化をつくりだす行為である。そして、その結果を受け止めることで、達成感や満足感に結びつけたり、もっとこうしようと発展させたり、うまくいかなかったから今度はこうしようと試行錯誤をしたりする。また、労働は他者との共同を必然とするが、多くのあそびもまた、周囲のおとなや友だちとのやりとりやコミュニケーションを必要とする。さらに、それらの過程で「嬉しい」「悲しい」「悔しい」「おもしろい」といった感情もともなう。その結果、認識の力や手指の操作性、見通しをもつ力、イメージの力、人とのコミュニケーション、意欲や情動等を育んでいくことになる。したがって、あそびも労働も、人間発達におおいに寄与することになる。

こうした見解に基づくと、幼児期や小学部の段階で、たっぷりとあそぶことは、将来の働く力にどこかでつながっていくと考えることができる。けっして、早期から「作業学習」にとりくむことだけが、働くことへの準備ではない。

しかし、あそびと労働には決定的なちがいもある。あそびとは、そもそも、誰かのため、何かのためにするものではない。「お母さんがほめてくれるから」「先生が喜ぶから」しているあそびは、もはやあそびではない。あそびとは、行為そのものが目的であり、やっていること自体になんらかのおもしろさや手ごたえを感じるものである。しかし、労働はちがう。もちろん、

それ自体のおもしろさもあるが、「お客さんのため」「お給料のため」「みんなのため」にすることが多い。そして、その目的を達成したときに、より大きな喜びを得られる。

しかし、このことが労働の難しさでもある。自分でつくった目的、あるいは他者（職員や先生）が提示した目的であっても、それを自分の目的につくりかえられるときはよいのだが、他者の目的にただ合わせて行うだけでは、「やらされる」だけの労働になってしまう。作業所に通所するようになったなかまが、最初は作業にとりくんでいたけれど、半年や1年過ぎて作業室をとびだすようになったり、パニックが増えたり、作業所に来られなくなったりすることがある。理由はさまざまであるが、「やらされる」ことに気づき、「やらされる」ことを拒否するようになることも多いように思う。なかには、学校時代までに、自分の意思で自分の行動をつくるという力を獲得していないゆえに、一見スムーズに作業所生活に適応しているように見えたという事例もある。そんななかまが、「やらされる」になりがちな作業ではなく、「あそび」や散歩、音楽、表現などの活動を通して、自分の意思で自由に行動をつくることの手ごたえをつかみ直したときに、あらためて作業に向かえるようになることもある（そこに至るまでに何年もかかることも多いが）。

あそびと労働…何が共通していて、何がちがうのか。こんなことを考えるのも興味深い。

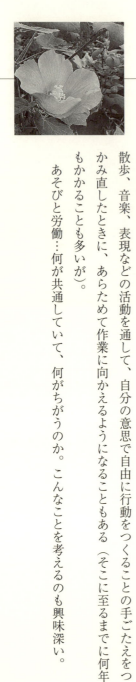

第7章 「キャリア教育」を考える②
学校教育の側から

第6章では、障害の重い人にとっての労働のあり方を追求してきた作業所での実践を振り返りました。それは、職員集団で何度も何度もなかま一人ひとりの姿を見つめ直し、職員自身の労働観をつくりかえながら歩んできた歴史でした。そして、そうした成人期の実践を、学齢期にかかわる人たちも知ったうえで、学校でのキャリア教育を考えることが必要なのではないかと書きました。次に、学校教育の側からキャリア教育を見ていきます。

◉学校と卒業後とのズレ

学校と卒業後の機関はどうつながっていくべきなのでしょうか。

学校の教師は、担任している生徒たちが「生きいきと働き、暮らしていってほしい」とねがって、次のステージに送り出します。そして、そのために必要な力とは何かを考え、「卒業後に困らないようにするには」「働く力をどう準備するか」と模索しながら日々の教育活動にとりくんでいると思います。しかし、学校を卒業した人たちを受け入れ、働く場などで長く実践に携わってきている職員たちと学校の教師たちの間には、認識にズレがあるのではないかと思うことがあります。たとえば、学生が卒業論文等で成人期の事業所等に行き、「学校教育に期待することはなんですか?」と職員に質問したときに、「別にないですよ」という答えをもらうことがよくあります。けっして学校教育に対して「あきらめ」や「マイナスイメージ」を強くもっているということではなく、「あまり無理して準備してこなくていいですよ」「学校でしか経験できないことをたっぷり味わってきてください」というメッセージであることが多いように思うのです。また、「作業のスキル的なことは、事業所（作業所）に来てから十分に獲得していけるので、学校では、もっと長い時間をかけないと身につけられないこと、たとえば人や自分に対する信頼感を大切に育んできてほしい」という声もよく聞きます。

たしかに、学校で、卒業後に携わる作業に直結するようなスキルを身につけてくると、最初の移行は比較的スムーズにいくかもしれません。しかし、それだけでは長い成人期を支える力にはなりません。私も、これまで作業所等で、なかまたちが「なんで働くのか」「自分はどうしたいのか」と悩み、葛藤する姿にたくさん出会ってきました。障害の重いなかまが、最初は作業に向かっていたけれど、半年もする頃から、作業所を飛び出すようになったり、作業室に入らなくなったり、ときに自傷行為が増えるなどの「問題行動」を見せることもあります。でもそれは、けっして「退行」でも「後退」でもなく、成人期という新たなライフステージで、古い自分とたたかいながら、新しい自分を創ろうとしている姿だと思うのです。こうして、誰もがさらにおとなになっていくわけです。

しかし、その葛藤をのりこえるには大きなエネルギーが必要になります。そんなとき、幼児期、そして学校時代に積み重ねてきた「好きなあそびや世界があること」「外の世界を自分の力でつくりかえたり表現したりすることへの手ごたえ」「人への信頼感」「なかまと共同することの喜び」「自分っていいなと思えるような気持ち」が、そうした葛藤を乗りこえるために何よりも重要になってくるのではないでしょうか。

◉知的障害児教育の歴史から

日本で、障害のある子どもたちに対する教育が本格的に開始するのは戦後になりますが、1950年代から1960年代にかけて、さかんに行われたのが「学校工場方式」でした。簡単に言えば、学校（学級）を工場にし、鉛筆やチョークなどを製造することを教育の柱に位置づけ、そこに向けて全教育活動を統合させていくというものです。

当時、養護学校高等部はほとんどなく、重度の障害をもつ子どもたちは「就学猶予・免除」とされて学校教育を受けられていませんでした。したがって、この「学校工場方式」の対象になったのは、軽度の「精神薄弱」児であり、実践が行われたのは、養護学校中学部や中学校の「特殊」学級でした。

たとえば、東京都荒川区立第一中学校は、文部省（当時）の指定を受け、1959年度に学校現場に流通システムを積極的に取り入れた方法を発表しています。[*1] そこでは、社会に必要なモノを製造することが目標であり、その目標に向けて教育内容も教育課程も学級経営もすべてを統合していくべきであり、その目標に不必要なことは極力排除すべきだとされました。計算なども、製造過程において必要になったときに、生徒たちは意欲的にとりくむのであり、また、それが「精神薄弱」児に必要な学力であって、製造過程に直接結びつかない学習には、そもそもとりくむ必要はないというわけです。そして、納期に間に合わせるための、時間割を無視した長時間作業も、「追い込み作業」という名で合理化されていました。「精神薄弱」児たちは、放っておくと、目的から逸脱した行動をしてしまったり、勝手なおしゃべりをしたり、注意が散漫になっていく。それを克服するために長時間作業にとりくませ、結果的に、将来の8時間労働に耐える力を身に付けることになるというわけです。

そのねらいは、「人の指示に従い、仲間と協力して、喜んで根気よく仕事をするといった

＊1　東京都荒川区立第一中学校「『学校工場』方式による職業教育」『精神薄弱児研究』14号、1959年

職業人としての望ましい性格の形成」であるとされていました。

そうした実践が行われた背景には、当時の「特殊教育」の目的が、ひたすら将来の職業生活への適応にあったことがあげられます。戦前は「国家のため」であった教育が、戦後ようやく「子どものため」の教育になります。しかし、知的障害児は抽象的な思考に弱さがあり、教育してもそれは変わらないととらえられていました。したがって、中学校卒業後、なんとか就職して「自立」した生活が営めるようにという教育目標観が強く、「人の指示に従い、仲間と協力して、喜んで根気よく仕事をするといった職業人としての望ましい性格の形成」が強調されたのです。そのために、生活経験中心、作業活動中心の教育が主流をなしていきました。もちろん、生活経験や作業活動を重視する考え方の背景には、教師主導で知識を注入していくような教育ではなく、子どもの自己活動や思考の過程を重視していくべきだという積極的な認識もあったのですが、とりわけ高度経済成長期に入ると、教育の目的が経済的価値に従属する形で、狭い職業教育がより強調されていきました。

１９６３年に経済審議会が出した答申に「人的能力の開発」という考えが登場し、職業教育の積極的な振興がはかられていきます。この１９６３年は、はじめて「精神薄弱」養護学校の学習指導要領が作成された年です。１９４７年制定の教育基本法では、教育の第一義的な目的は、「人格の完成」にあり、人格の完成とは、「個人の価値と尊厳との認識に

＊2　田中昌人『講座　発達保障への道③』全障研出版部、1974年（復刻版2006年）

基き、人間の具《そな》えるあらゆる能力を、できるかぎり、しかも調和的に発展せしめることである」（1947年5月文部省訓令第4号「教育基本法制定の要旨について」）と謳《うた》われたのですが、このときの学習指導要領の解説書（1967）では、精神薄弱児に対する教育の目的を「人格の完成」におくのは適切でないとされるなど、ますます狭い職業教育に追い込んでいくことにもなったわけです。

◉集団、生活、労働から切りはなされた学習活動の危うさ

一方で、田中昌人は当時の「特殊教育」に対して、以下のような批判をしています。＊2

1950年代後半から滋賀県下においても「特殊学級」（当時は障害児のための教育を「特殊教育」、現在の特別支援学級を「特殊学級」と言いました）の設置が進み、1960年代に入ると、うなぎ上りに急増していったのですが、そこで行われている教育に対し、「集団が解体され、生活と切りはなされ、労働と切りはなされ、しかもその代替物が個人主義的な適応への『学習』理論などによってあたえられることによって、必ずしも発達に必要な教科内容の再構成になっていない」というのです。田中は「精神薄弱」児の入所施設である近江学園で、糸賀一雄園長や多くの指導者たちと、集団、生活、労働を切りはなさずに教育指導を積み重ねていくことに確信をもっていました。しかし、「特殊学級」で行われている

教育活動は、繰り返しドリル等にとりくませるような個人主義的な適応学習にとどまっているという批判です。今風に言えば、それでは「生きる力」にならないということでしょう。さらに言えば、生活や労働においても、教科の学習においても、子どもたちを、学校や社会に単に適応させるためではなく、生活や社会をつくりかえていくような主体者になりゆけるようにしていかなければならないという認識でもあったと考えます。

「学校工場方式」に代表される狭い職業教育も、繰り返しドリル等にとりくませるような個人主義的な適応学習も、障害のある子自身が生活や社会を創造する主体に育てていくという観点が決定的に欠落していました。これは、けっして過去の話ではなく、現在の「キャリア教育」においても、さらに言えば、特別支援教育全体においてあらためて問われなければならない観点だと思います。そして、障害のある子どもたちが生活や社会をつくりだしていけるような教育活動を展開していくためには、発達的視点、すなわち本人の目線で何度もとらえなおしていくことが不可欠になると考えます。教育によって、子どもを「主体」につくりかえるというよりは、障害のある子どもたちも、それぞれの発達の時期ならではの「主体性」をもっているのであり、その一人ひとりの「主体性」を見取り、そこに依拠して教育実践が行われることが問われるわけです。

また、1960年代の近江学園の実践において、子どもたちの発達に必要な栄養素として、「手で力いっぱい外界をとりいれて新しい世界をつくりあげていく活動」「手が生きいきと働くための道具」「変化する素材」、そして「集団」が重要であることが明らかにされています。私は、こうしたことこそが、長い目で見て、将来の「働く力」につながっていくのだし、それこそが本来の「キャリア教育」でもあると考えます。今の「キャリア教育」では、まず小学部では「あいさつができること」と言われることがあります。しかし、しつけとしてあいさつが習慣化しても、それだけでは働くことの源となる主体性や創造性を育んでいくことにはならないでしょう。

最初に学校と卒業後のズレについて述べましたが、生徒一人ひとりの姿をふまえ、その人の歴史に学びながら、ライフステージをこえた連携をより深くつくりだしていくことが必要であると考えます。「将来のため」と、学校だけが努力しようとするような〝閉じたがんばり〟は、結果的に生徒たちを追い込んでしまうのではないでしょうか。

コラム７

休むことができる力

休憩時間になっても一所懸命に仕事を続けるなかまの姿を見ると、仕事が好きなのかと思うが、実は拒否できない、あるいは休むことができないことに気づくことがある。「休む」「休憩する」というのは、本当にすごい力だと思う。この力を、人はどのように獲得していくのだろうか。

特別支援学校の校長をしているときに、子どもたちが休み時間を思い思いにすごしている姿を見てきた。ある子は水道にまっしぐら、ある子は先生をさそってブランコや三輪車、自分はのらないが友だちがブランコをこいでいるのを嬉しそうに見ている子もいる。中学部になると、小学部の後輩たちに話しかけにいく生徒もいれば、一人で本を見ている生徒もいる。かっこいい男性教師がいる隣のクラスに行っておしゃべりをする女子も…。高等部になると、女生徒は〝女子トーク〟、男子は、トランプや将棋をしたり、夜更かしでもしたのか、ひたすら寝ている生徒もいた（寝るふりをしながら、周囲の様子をうかがっている場合もあったが…）。窓の外の景色をじっと見ながら、ニコニコしている生徒も…。もちろん、授業中に、なんらかの原因で気持ちを崩し、泣いたり怒ったりした生徒が、別室で、その気持ちを先生に受けとめてもらったり、いさめられたりしている場合もある。休み時間は、どの子にとっても貴重な時間である。

授業中、ちょっと緊張していた子たちも、休み時間になると、表情からも身体からもちょっと力が抜けて笑顔が増える。あそびやおしゃべりも、がんばった気持ちをちょっと解放してい

る姿でもあるのだろう。しかし、なかには、することが見つからず、休み時間中、かたい表情で過ごしている子もいる。そんな子には、先生が冗談を言ってほぐしたり、ときにはバスケットボールやサッカーに誘うこともある。

授業中にがんばっている姿は教師に見えやすいが、「休む力」「休憩する力」もとても重要だと思う。休み時間にまで評価をもちこむことは、けっしてあってはならないが、「休むことができない」「気持ちをほぐしたり、解放したりすることが難しい」子に対し、どうしたら「休めるようになるのか」を考えること、休憩時間のあり方を考えることは、その後の人生にもつながる大切な意味があるのではないか。

かく言う私は、上手に休むことができているだろうか。研究室は書類や本を山積みしたままなので、ホッとくつろぐことはできない（「○○先生の部屋はきれいですよ」と学生からよく嫌味を言われる。ほっといてくれ！）。家のなかにも書類や新聞を積み重ねてしまい、夫に叱られている（そんな夫も、出したものを出しっぱなし、脱いだものを脱ぎっぱなしにするので、お互い様である！）。もっときれいに片づけたら、香り高い紅茶を楽しむ優雅な休憩時間を楽しめるかも…なんて妄想して、ちょっと片づけはじめるのだが、数分でイライラしてくる。断捨離にあこがれたが、結局、断捨離関係の本とストレスが増えただけだった。

飲んで食べるのが、今のところ、私にふさわしい「休み」なのだと納得している。

第8章 「ゆれる」ことのねうち

前章では、学校と、作業所など卒業後の事業所との認識のズレについて述べました。「将来のため」と、学校だけが努力しようとするような〝閉じたがんばり〟は、結果的に生徒たちを追い込んでいくのではないかと書きました。

これは、第3章でとりあげたケンゴさんの話にもつながるものです。学校で何ごとにも〝がんばっていた〟ケンゴさんでしたが、その〝がんばり〟は自分の思いを出せないことの裏返しでもあったのです。卒業後、安心できる人間関係のなかで作業所通所を拒否するようになり、さらには、ゆっくりと自分をつくりかえることで再び作業所に通所するようになりました。ふとんのなかで作業所に行きたくないと主張していたケンゴさんの姿は、発達的にみれば、「今の自分」と「未来の自分」との間でゆれ動いていたと言うこともできるでしょう。

ここでは、こうした「ゆれ」のもつ意味をもう少し考えてみたいと思います。

◉二つのモノの間でゆれる

赤ちゃんの発達をみていると、たくさんの不思議に出会います。8か月頃の赤ちゃんが見せる「ゆれ」もその一つ。6か月頃になると、目の前に出されたおもちゃにスムーズに手をのばし、さらにそれを口に持っていったり、右手から左手、左手から右手へと持ちかえてあそぶことも増えていきます。「乳児期後半に入ったんだな」と実感する場面です。

K式発達検査などの標準化された検査では「モノを持つか」「持ったモノをどう扱うか」にポイントが置かれているため、1種類のモノ（積木、鐘など）、もしくはモノと器（コップ、ビンなど）を提示するという課題が多いのですが、あえて2種類のモノ、たとえば積木とイチゴ（おもちゃですが…）、積木と人形などを対提示（二つを並べて提示する）してみます。すると、7か月頃までは、とにかく先に視野に入ったほうに手をのばしてつかみ、それをすぐに口に持っていくような行動を見せるのですが、8か月頃から逡巡《しゅんじゅん》が始まります。手をのばしかけたけれども、「なんだ、これ？」とばかりに人形をじっと見て手をひっこめる、二つが違うおもちゃであることに気づいて何度も交互に見返してからそっと手をのばす…といった姿です。「違い」や「変化」に敏感になってきた8か月児…それは、この時期の「ひとみしり」や「8か月不安」といわれる姿に通じるものがあるようです。「違い」を感じ分けるからこそ不安にもなるのですが、同時にそれは、外界をより深くとらえていこうとする力の芽生えでもあるのです。

◉二つの価値の間でゆれる

1965年に放映されたテレビドキュメンタリー『一次元の子どもたち』（東京12チャンネル制作）に出てくる子どもたちも、さまざまな「ゆれ」を見せています。『一次元の子どもたち』には、近江学園で生活する知的障害のある子どもたちの日々のようすがうつしだされています[*1]。発達検査の場面も紹介されているのですが、ちょうど「1歳半の発達の節」でがんばっているきよしくんは、発達検査のはめ板課題では、まだ上手に切り替えができません。「きよしくんは右のきき手にもった丸い板を、すぐ前の丸い穴にはめることはできる。穴の位置が反対に変ると、もうついていけない。きよしくんは、自分の体と心にぴったりとくっついていた行動をいろいろとくりかえすことはできるのだが、まだ外のようすが変ったとき、その意味がくみとれない。すべての正常な子どもも、1歳半までにこの段階を通る。そのことを明らかにしたのは、正常児ではなく、実はこのきよしくんたちである…」という田中昌人さんの解説がナレーションで流れます。映像のなかのきよしくんは、円板が入らないことを感じ取り、困ったような照れたような表情で、耳に手を持っていき

＊1　次に詳しい。白石恵理子「1歳半の節と発達保障」、『障害者問題研究』44巻2号

ます。

きよしくんは、朝、洗面所に向かうシーンでは、指導者から手渡された洗面器を持って洗面所に向かうのですが、そこで顔を洗うという行動には結びつかず、手をヒラヒラさせながら窓からの木漏れ日に心を奪われていきます。洗面器は廊下に置き去られたまま…。たしかに、外の世界に「自分の体と心をぴったりとくっつ」けてしまうため、なんのために廊下に出てきたのか目的を見失ってしまうのでしょう。

そんなきよしくんですが、食事前に厨房《ちゅうぼう》までお茶を取りに行く場面では、少し違う姿を見せます。まず、カラのやかんを持って厨房に向かう場面では、厨房の近くにあったシーソーに引き寄せられてしまいます。その後、指導者からお茶の入ったやかんを渡され、重いやかんを下げて部屋に戻りかけるのですが、やはりシーソーのところで、すいっと引き寄せられるように一歩足をかけます。しかしそこで、「ああ、友だちのところにお茶を持っていかなくちゃ」とばかりに向きを変えます。いったん歩みはじめると、足取りも軽やかになります。大好きなシーソーと、お茶の入ったやかんとの間でゆれた結果、心の向きを友だちのいる方へ変えているのです。外界に密着的に「―ダ」「―ダ」となりがちなきよしくんですが、この場面では、一瞬ですが「ゆれ」を見せ、「―デハナイ―ダ」と自分で行動を選び取っていくような姿を見せるのです。

この発達の時期にいる人たちに対し、ついつい私たちは、「目的をわかりやすく」「見通しをもちやすく」とばかりに、「お茶を運んでもらう」という目的だけをストレートに提示し、その指示に応えることだけを迫ってしまっていないでしょうか。極端な場合、目的と無関係なシーソーなどは視野に入らないように隠しておく、ということもあるかもしれません。でも、それでお茶を運んだとしても、それは「ちゃんと持ってきたよ」という手ごたえに結びつくでしょうか。手にしたやかんが重くなったことをきよしくん自身が実感していること、友だちにお茶を運ぶという目的が価値あることとして意味をもっていくような生活の組織化がなされていることがとても重要だと思うのです。

◉分かれ道の男

「行動障害」が強く、モノを投げたり、顔が変形するほどの顎《あご》・頬《ほお》叩きが続いていたユウくん。養護学校教員であった阿部直俊さんは、このユウくんを高等部3年生で担任することになりました。そして、卒業までの1年間を実践報告にまとめています。[*2]

教室の中では奇声や自傷行為が激しく出るため、マンツーマンで外に出ることの多かったユウくん。同じクラスの若い先生から、教室にこだわらず学級のみんなで外に行きましょうと提案があり、「朝の会」を外の牧草地でするようになります。はじめは、雄叫《おたけ》びをあ

＊2　この報告は全障研の研究誌『障害者問題研究』の連載「実践に学ぶ」にまとめられている。阿部直俊「ユウくん、一緒に歩こう！」、『障害者問題研究』43巻1号

げながら走り回っていたユウくんですが、ゆっくりと仲間のなかでの居場所をつくっていきます。

実践報告では、阿部先生との散歩のようすも描かれています。少しずつ少しずつ先生といっしょの散歩を楽しむようになっていったのですが、なぜか、分かれ道にさしかかると、道路に寝転んで動かなくなってしまうのです。岐路で逡巡《しゅんじゅん》し、悩むユウくん。先生がしばらく待って、歩く方向を促しても、自傷が強まってしまう。そして、先生が待ちくたびれた頃にサッと立ち上がって歩き出す。「自分で決めたいから、待っていてほしい」という思いだったのでしょう。

ユウくんは、「ありのまま」の自分を否定されない先生や友だちとの関係のなかで、青年期らしく自分をつくりなおしていったのだと思います。散歩でも、先生はまずユウくんの歩調や呼吸に合わせて歩くことを大事にしてきました。「ユウくんといっしょに足の動きを合わせて歩く。そのうちどちらが歩調を合わせているのかわからないほど息が合ってくることがわかる」と綴られています。こうして、教室が不快だから走り回っていたユウくんが、人といっしょの心地よさを感じ取り、自分のリズムで歩く手ごたえをつかんでいった…そのプロセスがあったから、「自分で決めたい」と思い、信頼できる先生に「自分で決めることを待っていて」とねがうようになっていったのではないでしょうか。

そして、待ってくれている先生や友だちがいるから、最後は自分で「ゆれ」を乗り越えていく。ユウくんや、第3章のケンゴさんの見せた「ゆれ」は、青年期というおとなになっていくプロセスで見せた「ゆれ」でもあったわけですが、それを乗り越えることを、親であっても教師や職員であっても、肩代わりすることはできません。自分で乗り越えていかなければなりません。しかし、信頼できる人がゆったり待ってくれているという安心感は必要でした。

付け加えるなら、その「待つ」という役割を、親や家族だけに委ねてしまっていないかという問い直しも必要だと考えます。多くの場合、親はそれまでの歴史のなかで、子どもの思いをくみとり、いっしょに解決してきています。子も親だからこそ、自分の「ゆれ」をわかってくれるはず、なんとか解決してくれるはず…という思いをもっていることが多いように思います。だからこそ、その思いにちょっとでも「ズレ」が生じると、怒りや不安が増大しがちです。あるいは、互いに「待てない」関係になりがちです。

国の「『我が事・丸ごと』地域共生社会」路線によって、結果的に、「自分でがんばれ」「家族でがんばれ」になってしまうのではないか、それは、障害がありながらもおとなになっていこうとする一人ひとりのかけがえのないプロセスを、とてつもなく苦しくつらいものにしてしまうのではないかと危惧します。

◉〝閉じたがんばり〟は「ゆれ」を許さない

そもそも「卒業までに」「移行期間が終わるまでに」と時期を区切って結果を出そうとするような〝閉じたがんばり〟は、こうした「ゆれ」を許しません。教育におけるPDCAサイクルも、まっさきに「ゆれ」「ゆらぎ」を排除してしまうサイクルのように思います。実践者が「ゆれ」をマイナスの意味をもつ行動ととらえ、意識的に「ゆれ」を排除しようとするだけではなく、そもそも子どもやなかまの「ゆれ」や逡巡に気づけなくなってしまうことのほうが問題かもしれません。

新しい自分につくりかえようとするからこそ「ゆれ」が生じる。「ゆれ」を乗り越えるからこそ、自分と他者への信頼が高まる。ゆれることの値打ちを慈しみたい…。そのためには、「間」や「ゆとり」が必要です。子どもやなかまとのかかわりのなかで、「できた」結果をほめることはあっても、「ゆれ」を愛おしむことや共感がおざなりにされていないでしょうか。もう一度見直したいものです。

コラム8

もっと文化を

成人期の作業所で、昼食後の休憩時間にいつも「孫悟空」を演じている青年がいた（今は、立派なおじさんである）。他のメンバーを誘い、そのうち「三蔵法師」役「猪八戒《ちょはっかい》」役「沙悟浄《さごじょう》」役などが決まっていく。紙でつくった如意棒《にょいぼう》もあり、ほんとに楽しげだ。

ふと、なぜ「孫悟空」なのだろうと思った。あとでわかったことだが、養護学校高等部の文化祭で「西遊記」をしたらしい。それがとても楽しかったようで、卒業後10年、20年がたっても、何よりも好きなのが「孫悟空」というわけだ。学校で身につける力は多様にあるが、趣味や余暇の楽しみも学校時代につくられてきていることが多い。

長年、特別支援学級の教師であった内田京子さんに、大学の授業で学生に話をしてもらった。彼女は絵本の読み聞かせが大好きで、特別支援学級でもずっと絵本のとりくみをたいせつにしてこられた。内田さんから、子どもといっしょに文化を楽しみ、子どもといっしょに文化をつくりあげていく醍醐味《だいごみ》を教えてもらった。

内田さんは、自閉症・情緒障害児学級の実践でも、国語や生活、自立活動など様々な場面で絵本を取り入れていた。教室には、工藤直子さんの詩集『のはらうた』（全6巻　童話屋）の中の「あいさつ」の拡大コピーが掲示されていた。

さんぽをしながら／ぼくは　しっぽによびかける／「おおい　げんきかあ」／すると
むこうの　くさむらから／しっぽが　ハキハキ　へんじをする／「げんき　ぴんぴん！」

コラム８

／ぼくは　あんしんして／さんぽを　つづける

この詩を、毎朝、「朝の会」で子どもたちといっしょに詠《うた》う。みんなが元気に一日をスタートさせる。最初は声が出なかった子どもたちも、全身でおおらかに詠う先生に惹《ひ》きつけられて、徐々に声を出すようになる。詩集を読みきかせていくうちに、子どもたちそれぞれに大好きな詩ができてくる。「かまきりりゅうじ」が好きな子、「けやきだいさく」が好きな子、「ぐるーぷ・めだか」が好きな子…。教室でおたまじゃくしを飼い、教室の外の原っぱで虫を探し、葉っぱや草に触れる。子どもたちのまわりの世界と絵本が結びついていく。

２年目、３年目には、詩をつくることにとりくんだ。おたまじゃくしや葉っぱに触れてきた子どもたちが、今度は、おたまじゃくしや葉っぱになりきって詩をよむ。他者の視点からものごとを考えることにもつながっていく。そうして書いてきた詩をためこんで、子どもたちはそれぞれの「マイのはらうた詩集」をつくりあげていった。

新しい特別支援学校の学習指導要領が出された。これまで以上に細かくていねいにねらいや内容があげられるようになったが、「何をしてよいかわからない」という現場の声に応えたものなのだと思う。しかし、それぞれのねらいや内容がばらばらに追求されるだけでは、新しい自分に出会わせ、長い人生を支える文化にならないのではないかと危惧をするのだが、それは杞《き》憂《ゆう》だろうか。

第9章　高齢期を考える①

青年期・成人期の実践から

障害のある人の労働やく暮らしを支えてきた多くの作業所、施設で、なかまの高齢化は待ったなしの課題になっています。そして、「その人らしさ」を大切に、ゆたかに老いることをめざして、悩みながらの実践が行われています。まず、これまで見てきた青年期や成人期の発達保障と、どうつながっているのかについて考えたいと思います。

◉高齢期から学ぶ発達保障

これまで、発達とは、単に「できること」が増えることではないし、発達保障とは、「発達させよう」「できることを増やそう」とするだけのものではないことを述べてきました。

私自身、もともとは乳幼児期にかかわる仕事をしていたこともあり、その時期、「歩いた」「片言を話した」など、具体的に目に見える形で「できること」が増えていくことも多いため、発達保障ということを、ともすると「できることを増やす」ことに置き換えてと

らえがちでした。しかし、乳幼児期や学齢期においても、発達を狭く「できること」に矮小《わいしょう》化してしまうことが、かえって本人の人格的広がりや精神的自由を妨げてしまうことになりかねないということに何度も出会ってきました。

とんでもなく「運動オンチ」だった私が、人生において1回だけ鉄棒の逆上がりができたことがありました。小学校の先生がとても熱心で、鉄棒に腰を支えるひもをつけたり、足元に跳び箱で使うジャンプ台を置いたりして、そうした補助器具を使うことで逆上がりをする感覚を身体でつかませようとしてくれたのでしょう。私も涙をためながら練習しつづけ、ようやく1回クルッとまわることができました。そのときに感じた、空をとぶような感覚は今も覚えているのですが、だからと言って「もう1回まわりたい」ではなく、「ああ、よかった。これでやっと解放される」という思いのほうがずっと強かったのです。「できる」ようになっても、「もうしたくない」となるのであれば、それは精神的自由を狭めることになる…自分自身を振り返っても確信できることです。

このように発達ということを「できる」「できない」という能力面だけではなく、人格や精神的自由という視点でとらえるなど、より深く、より多面的にとらえつづけることを教えてくれたのは、全障研の先達《せんだつ》たちなのですが、とりわけ障害の重い人たちとその実践、そして成人期にある障害のある人とその実践から学びました。映画『夜明け前の子どもたち』（1968年）に出てくる「ねたきりの重症心身障害児」であるシモちゃんに対し、「ねたきり、寝た切り、ネタキリ」とみるだけでは「体《てい》のいいしばりつけ」ではないかと問い直し、「寝ることができるじゃないか」「じゃあ、もっとゆたかな寝方はないのか」と実践をとらえ返していった職員さんたちから本当に多くのことを学びました。

また、どんなに障害が重い人も、「ゆたかさ」や人間的価値を創造する可能性をもっていること、その「ゆたかさ」や人間的価値は、一人ひとりがバラバラに切りはなされるなかで生み出されるものではなく、他者との多様で具体的なつながりのなかで、それぞれの主体的努力が少しずつ織りなされることによってつくりだされるものであると、教えられました。支援する側が、障害のある人を支えているように見えながら、逆に支えられていると気づく。障害や発達、生活年齢の違いをこえて互いに必要としあっている。発達保障とは、それぞれのもつ自分や社会へのねがいを撚《よ》りあわせ、「ゆたかさ」や人間的価値をいっしょにつくりだしていこうとする歩みそのものであること、そして、そのあたりまえの営みを、大切にしあえる社会、政治のありようが求められていること…これは、成人期にあるなかまたちの姿や実践を知ることで、おおいに確信にすることができました。

そう考えると、高齢期にある人とその実践が教えてくれることは、発達や発達保障の考えに新たな地平をひらくものという見方もできるのではないでしょうか。

◉「一人でできる」もいいけれど…

加齢にともなって、機能面、感覚面で「低下」していくことはまぎれもない事実であるし、また、さまざまな疾患を併発するリスクも大きくなります。これまで一人で食事や排せつができていた人が、介助を要することも増えていきます。しかし、「一人でできる」状態から、「誰かの助けを必要とする」ようになることは、人とつながっていくという人間関係が広がっていくということでもあるのです。

一昨年、１００歳で亡くなった私の祖母は、90歳をすぎた頃から歩行が危なっかしくなり、食事や入浴にも介助が必要になっていたのですが、「私はデイサービスなんかに行かな

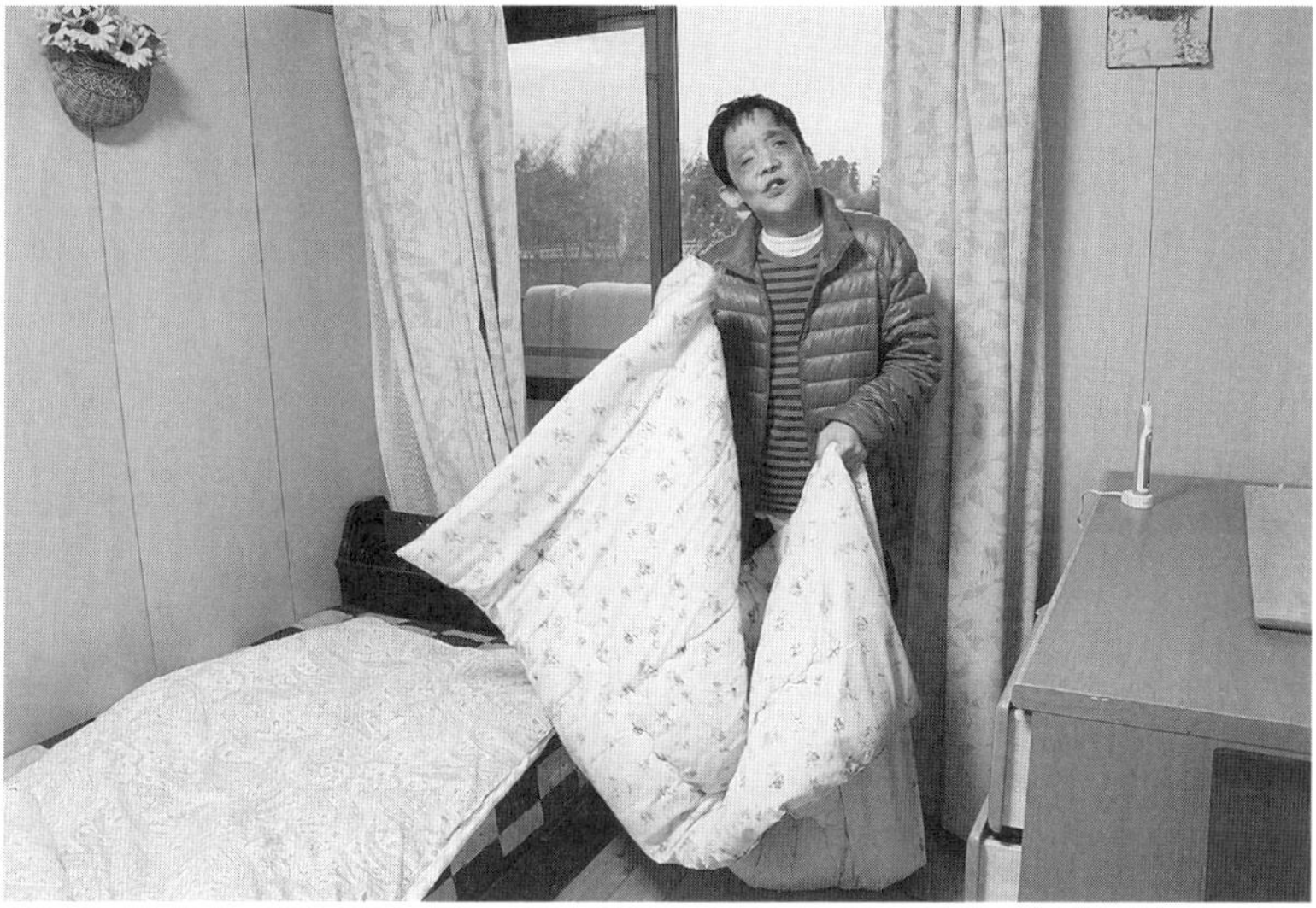

い。一人でできる」と言いつづけていました。介護認定のために訪問面接を受ける際には、前日から、自分や家族の名前、生年月日などを書いたメモを見て「予習」をしていました。いつもは「腰が痛いから」と立ち上がるのも苦労しているのに、面接時にはすっくと立ち上がり、家で世話をしている母をあ然とさせていました。そんな祖母でしたが、デイサービスの若い職員さんが来ると、「あらあら、ご苦労さん。今、行きますよ」といそいそと出かける準備をし、大嫌いなお風呂も、「若いにいちゃんが上手に洗ってくれる」と喜んで行くようになりました。

現在83歳の父は、重度の認知症のため介護施設に入っていますが、その父も、デイサービスに行きはじめる頃は、「絶対に行かない。帰ってもらってくれ」と怒ってコタツにもぐり込んでいました。しかし、職員さんから「今日はカラオケをするんだけど、教えに来てくれませんか」と言われると、「しゃあないなあ」とばかりにうれしそうに出かけていきました。

そんな祖母や父を見ていると、「一人でする」「一人でできる」ことも価値あることだけれど、誰かに手伝ってもらったり、誰かといっしょにすることもすてきなことだなあと思うのです。そして、私自身、「年をとるのも悪くない」と思えるようになりました。

障害のある人たちの働く場や暮らしの場を支える事業所の全国組織である「きょうされん」は、全障研設立の10年後、1977年に結成されました。そのきょうされんの2017年全国大会の「高齢期」分科会では、鹿児島・麦の芽福祉会の末野恵子さん（63歳）がレポートを発表しました。脳性まひの末野さんの大好きな仕事は「（麦の芽福祉会の事業所の一つ吉野温泉の）番台にすわって、お客様と触れあうこと」であり、「本音を言うと番台の仕事をずっとしていたい」とのことでした。また、若いときから障害者運動にたずさわってきた末野さんは、今も障害者運動に出むく日は、ヘルパーさんに「よそ着（よそ行きの服―筆者注）に着替えさせてもらい…うす化粧」をして準備をするとのこと…すてきな発表に、参加者はたくさんの元気と笑顔をもらいました。その末野さんへのインタビューレポートに、「小さいとき、2つ上の姉がやきもちをやいて、『けいこはすてててきて！』と親に言っていました。姉の気持ちも今はわかります。兄弟姉妹にも目を向けられる社会になってほしいです」と書かれていました。そういう思いに至るまでには、きっとたくさんの悩み、葛藤、せつなさがあったのだろうと推察されます。そして、若いときには、さまざまな確執や葛藤で見えにくいことでも、年をとることで、見えてくることがたくさんあるのではないかと気づかされました。「高齢期」は、それまでの人間関係を変える力ももっているのではないかと思うのです。

◉ゆたかに老いる

夏の全障研全国大会では、2014年から「障害の重いなかまの高齢期実践を考える特別分科会」を行っています（残念ながら、そのうち2回は台風で中止になりましたが…）。その分科会に出て何よりも感じたことは、保護者や家族の「親なき後が心配」という不安、訴えが本当に痛切であるということです。分科会で、全国で先進的にとりくんでいる施設や実践者からのレポート報告を聞いて、「家族以上に本人を支えてもらっていることに安心感を得た」という家族からの感想が出され、共感しあう一方で、まだまだ親やきょうだいに障害のある人の生活がゆだねられているというこの国の現実に、怒りも悲しみも覚えます。そして高齢期のなかま一人ひとりを大切にしようとする実践がまだまだ一部にとどまっているのも厳然たる事実であることを思い知らされます。

同時に、実践報告を聞いたり、全国の実践を見たりするなかで、「高齢期だから対策をたてる」のではないのではないかと考えるようになりました。常日頃から、本人のねがいに寄り添って「本人さん目線」で実践をつくりあげてきた施設や法人や実践者だからこそ、高齢期においても、一人ひとりの「その人らしさ」を、人とのつながりのなかで大切にできるのだと確信したのです。

たしかに、高齢期に固有の課題はたくさんあります。医療との連携も、疾患の早期発見・早期対応も、嚥下《えんげ》機能の低下をはじめ食事にともなう問題への対応も、本人の「できなくなっていく」つらさに寄り添うことも、さらには看取《みと》りをどうするかも、高齢期の支援に求められる専門性の内容と言っていいでしょう。しかし、「本人さんはどう思っているのか」「何をねがっているのか」を、ときに声なき声から聴き取り、本人さんと相談しながら、日々の生活のひとこまひとこまをつくっていくのは、青年期・成人期の実践の本質と同じであると思います。

そうした意味では、「高齢期だから」とあせりすぎずに、目の前のなかまといっしょに暮らしや日中活動をつくっていくことを大事にしていく、その延長に「高齢期」があるという見方も大切なのではないでしょうか。

コラム9

父のこと、母のこと

83歳の父は、認知症のため、介護施設に入居している。

高校野球の試合を観戦に行って自宅に戻れなくなり、警察が探してくれたのが10年近く前だったか。結局見つかったのは、自宅から20km以上も離れた隣の市だった。

4－5年前には、一瞬前にご飯を食べたことも記憶に残らなくなっていた。ご飯を数口食べると「はい、ごちそうさん」と手を合わせ、昔からの習慣通りトイレに入る。トイレから出てくると、食卓の上にはまだ食事が残っているので、それを見て食事の準備ができたと思うのか、「今日は美味しそうやの」と言って食卓につき「いただきます」。数口食べて、また「はい、ごちそうさん」と手を合わせ、トイレへ…。毎食それを数回繰り返して、結果的に茶碗の半分くらいは食べていただろうか。

お風呂も、浴室から出てきて、服を着ているうちに脱いでいると勘違いしたのか、また浴室に入る。毎日、それを何回か繰り返していた。デイサービスを利用しながら母が介護していたが、夜中にゴソゴソ起き出して、お茶でも飲もうと思ったのか台所を水浸しにしたり、ジャーのふたを開けっぱなしにしたり、毎晩続く珍事に母が限界を感じてきていた矢先に、「あさってから入居しますか?」と連絡が入り、80歳になる前にグループホームに入った。その後、介護施設に移った。

父は昔から冗談を言って周囲を笑わせるのが好きな人だった。商売をしていたこともあって、

とりわけ外面《そとづら》（?）がいい。ホームに入る前にはデイサービスに通っていたのだが、朝「今日は行かん」とコタツにもぐり込んでぐずっていても、デイサービスの職員さんがやってくると、「ご苦労さん、ご苦労さん」と愛想よく言って出かけていく。母や私に対しても、ニヤッと笑いながらふざけて鼻をかんだティッシュを投げたりする。下着が汚れていることを母が指摘すると、真面目な顔で「俺は知らん。お前が、汚したんやろ」と言う。ほんとに忘れているのだから仕方がないのだが、母も負けじと「どうやって、あんたのパンツに○○するのよ」と本気で言い返す。そんなやりとりを聞いて、「私はこの人たちの娘だったのか」と大笑いした。

記憶の力はほとんどなくなっても、排泄の失敗が続いていても、根っこのところにある「その人らしさ」はやっぱりあると妙に納得する出来事だった。

そんな「いたずら小僧」が家からいなくなって、最初はぼんやりしていた母だったが、ひと月もたつと、ゲートボールに出かけたり、貼り絵サークルに行ったりと新しい人間関係を広げていった。テレビのニュースを見て、「記憶の限りではありません」等とうそぶく大臣や官僚に対し、「何やの。この人たちは」と、この国の未来を嘆いている。80歳をすぎて、政治的にも目覚めた母である。

第10章　高齢期を考える②

高齢期とは

では、高齢期とはどんな時期だといえるでしょう。もう少し「高齢期」そのものに焦点をあててみたいと思います。

◉日ごろからの「観る目」を鍛える

一般的に高齢期になると知的機能が低下していくとされ、それは知的障害者においても同様で、その低下は、障害のない場合よりもより早期から、そして低下速度も早いとされています。知的障害者の加齢変化（老化）を早期に発見するためのチェックリストも開発されています。

また、健康問題にかかわっては、生活習慣病や精神科疾患等の罹病《りびょう》率や死亡率が高いことが指摘され、加齢にともなって疾患を併発するリスクは高くなります。このような疾患に対しては何よりも早期発見や早期対応が求められます。しかし知的障害のある場合、自身で不調を訴えることが難しい場合も多いため、日々のバイタルチェックを欠かさないことと合わせ、日ごろから本人を見ているからこその「観る目」「五感でとらえること」が大きな意味をもちます。「観る目」を育んでいくためには、職員会議等で、先輩職員がどのようになかまを「観る目」を培ってきたか、失敗談も含めて語りあうことも重要でしょう。

ただ、支援者がなんらかの「異変」に気づいても、そこから、診察や治療に結びつけることもけっして容易ではありません。自閉症の人の場合など、慣れない病院や人間関係を激しく拒むことも少なくありません。そこでも、これまで信頼関係を築いてきている職員の役割には大きなものがあります。信頼する職員がいるからこそ、パニックになりながらも必死で不安に耐えながら、治療を受けたなかまたちの奮闘のエピソードを聞くと、なかまにも職員にも「本当におつかれさまでした」と心からねぎらいのことばをかけずにはいられません。

医療との連携も大きな課題ですが、「知的障害や自閉症などの障害を十分に理解している医療機関」はそうそうありません。そうした医療機関を探して奔走《ほんそう》するよりも、地域にある診療所や病院で日ごろからなかまのことを診てもらい、何ごとにつけ相談できる信頼関係をつくっていくことが重要となります。「障害」の面については、施設や支援者側から伝えたり、相談機関が中に入ってのケース会議を行っていくことも、少しずつ定着してきていると思います。そうした医療との連携の課題について、それぞれの地域で自立支援協議会等が中心になり、行政をまきこんで議論や情報交換を行っていくことが、ますます求められています。

◉加齢にともなって知的機能は「低下」するのか

さきほど、知的障害のある人においては「知的機能の低下が早い」とされていると述べました。このことについて、もう少し考えてみましょう。

これまでの研究は、知的機能をなんらかの物差しで測り、その結果で知的機能を数的にあらわし、その数値が下がっていることをもって「知的機能の低下」とみてきたものがほとんどです。しかし、そもそも、その知的機能は、その物差しで測られるものでしかありません。何をもって知的機能とみるのかという価値観が反映されたものなのです。

生涯発達心理学を提唱した高橋・波多野らは、「生産性第一主義の現代の価値観が、中高年は衰えていく情けない年代であるという、ゆがんだ高齢者像を生んでいる」と批判し、「それぞれの個人にとって内的な意味のある変化として発達をとらえる視点」を確立する必要性を主張しました。[*1]

一つだけ例をあげてみましょう。知能検査には、時間内でどれだけ解決できるかという

＊1　高橋恵子・波多野誼余夫『生涯発達の心理学』岩波新書、1999年

時間制限を設けた検査課題がありますが、それは「より早く、よりたくさん、よりスムーズに処理できること」を「よし」とする価値観に基づいているとみることができます。それはまさに「生産性第一主義」の価値観です。しかも「生産性」を非常に狭くとらえた価値観と言えるものであり、同時にそれは、たくさんの「排除」をうみだす価値観とも言えます。

たしかに、加齢にともなって、以前より時間がかかるようになることは多々あります。しかし、それは見方を変えると、時間をかけることで力を発揮するということでもあるし、時間をかけられるようになったということもできるかもしれません。今までと同じスピードが求められるような環境では、職員のことばかけの一つひとつを「処理」しきれず、多くのことがブツ切れになって襲ってくるような不安感を生じさせます。しかし、生活の流れをゆったりしたものにすることで、自分で考えて自分で決めることもしやすくなり、自分が生活の主体であるという実感をもちやすくなります。

このように見てくると、高齢期のなかまにとっての生活のあり方を考えること、一人ひとりにとって「内的な意味のある変化」を尊重しようとすることは、職員も含めたすべての人を支配している価値観を問い直すことにもなるのだと考えます。

もっとも、具体的な実践場面では、検討しなければならないことは多々あります。高齢のなかまだけのグループをつくるのか、若い人たちと同じグループにするのか、ということも議論になります。高齢のなかまだけのグループをつくることによって、ゆったりした時間の流れを保障しやすくなることもあるでしょう。また、若い人と同じグループであっても、互いによい関係をつくりだすこともあります。知的障害のあるAさん（当時、80歳）からお話をうかがっていると、「昭和ひとけた生まれであること」に強い誇りをもっていて、少し年下のなかまに対しては、「あの人は昭和ふたけたですわ」「あの人は煮え切らん」と手厳しい一方で（実際にケンカも多いようです）、もっと若いなかまや、障害の重いなかまに対しては「ようがんばってますわ」と温かく見守ろうとしていることが伝わってきました。

さをり織りをしている若い自閉症のなかまが、高齢のなかまの「ええの織らはったなあ（いいのを織りましたね）」という賛辞を背中で聞いて、くすぐったそうなうれしそうな表情になることもありました。集団編成に決まった正解があるわけではありません。職員不足や空間の狭さから、やりたくてもできないこともあるでしょう。しかし、職員集団で考えつづけることが大切なのだと思います。

◉連綿と繰り返される人間の営みとして

障害のあるなかまたちは、多くの場合、自分の生きてきた歴史を語ることに難しさを抱えます。ことばで語ることが難しいからというだけではありません。「障害」を理解されずに叱られつづけてきた人、学校に行きたかったのに就学免除にされてきた人、文句も言わずコツコツと働きつづけてきたのに突然の解雇にあった人、家族の悲しい顔ばかりを見つづけてきた人…そうした負の歴史が背負わされていることも少なくありません。そのために、自分の生きてきた歴史を語ることが、心理的にも物理的にも難しいことも多いと考えます。

しかし、それでも「お母さんのお墓まいりに行きたい」「住んでいた家を見にいきたい」と話されることがあります。あるいは、そんな苦しい環境のなかでがんばってきたことに

＊2　Pippo『心に太陽を　くちびるに詩を』新日本出版社、2015年より。詩は羽生槙子（1930〜）の詩集『縫いもの』武蔵野書房、2005年より「縫いもの」。

対する職員からの共感、なかま同士の語りあいが、新たに生きる力になることもあるでしょう。しかし、入職したばかりの若い職員は、その人の歩いてきた歴史を知りませんから、当然、共感することはできません。先輩職員や家族から聞くことではじめて知っていくことになります。逆に言えば、先輩職員には、その歴史を語り伝えていくという役割があると言えます。忙しい日々のなかで、目の前の支援を伝えるだけになっていないでしょうか。若い職員も、目の前の支援の方法を知るだけになっていないでしょうか。

詩と詩人を紹介するＰｉｐｐｏさんのエッセイ集『心に太陽を　くちびるに詩を』[＊2]を読んでいると、羽生槙子さん『縫いもの』という詩集が取り上げられているのに目がとまりました。「『縫いもの』とともに歩んできた、真摯な生き方、シンプルだけど豊かで正直な言葉たちに、はげしく胸をゆさぶられ」たといいます。私もぜひ手に取って読んでみたくなりました。

そのなかで、こんな詩が紹介されています。「洋服を着たことがない母に／ゆかたで初めて夏の服を作ってあげた時／まかしといて　と胸をたたく気持ち／着なれない人でも着やすいように　と考えていると／衿なしのアッパッパ式になった」（「母の服」より）。そして、羽生さんは、お母さんが亡くなったずっと後になって、それがまちがいだったと気づいて、「母の初めての服に／わたしは　母におしゃれなデザインを考えて／美しい服を作るべきだった／母は美しいものを着ていい／なのにわたしは　知らず知らず　母に／労働と貧しさの中にいる中年の女の人／という枠をはめ　そこからデザインを考えた／と　今恥じる」と振り返ります。

高齢期のなかまの発達とはどのようなものか、高齢期のなかまへの実践はどうあるべきかと考えていた私に、この詩は、鋭く突きつけてくるものがありました。若い世代の、新しいものや価値を創造しようとする気概は、時代を切りひらく力になると同時に、「古い」世代を知らず知らずに残酷に傷つけているのかもしれません。母に「よかれ」と思ってデザインを考えたけれど、それは、知らず知らずに「枠」を押し付けていたのではないかと気づき「今恥じる」と結ぶ羽生さんの詩に、Ｐｉｐｐｏさんは、「それは普遍的で、わたしには、連綿と繰り返される人間の営みの、かすかで、でも確かな光のように、きらきらと映りました」と書いています。

高齢のなかまに「よかれ」と思って支援したことが、本当はどうなのか。もしかしてまちがっていたのかもしれないと恥じることもあるでしょう。でも、その気づきもまた、「連綿と繰り返される人間の営みの、かすかで、でも確かな光」なのかもしれません。

コラム10

加齢と発達

40代半ばになったダウン症の男性の発達診断をした。もともと班のなかではリーダー的存在で、仕事にも熱心にとりくんでいた。しかし、仕事中に手が止まっていることが増えてきていた。

発達診断をすると、これまで難なくクリアしていた積木構成の課題などで、積んだり並べたりと同じ動作を繰り返すことが増えており、結果的にできなくなっている課題がいくつかあった。「やろう」という意欲はあるのだが、途中で自分が何をしているのか目的を見失ってしまい、目の前の動作の繰り返しになってしまうようだ。しかし昔のことは憶えていて、「前にこんなこと、あったなあ」と、若い時の武勇伝（自動販売機でジュースと間違ってアルコールを買ってしまい、酔っぱらった事件など）を話すと、指を口にあてて「言わんといて」と笑う。

お母さんの話では、入浴前にたんすの引き出しから着替えを出すのだが、どうも途中で目的を忘れてしまうようで、「お風呂だよ」と何度も声かけする必要が出てきたと言う。

そんな彼は、若い時は、自分の仕事に熱心なあまり、他のなかまの仕事にケチをつけて相手をシュンとさせてしまったり、自分の要求を押し通そうとして職員にくってかかったりと、相手の思いをくまずにトラブルになることがあった。それが、今はほとんどなくなり、とても優しく穏やかになっている。職員から見ると、「さみしいな」と思うこともあるようだが、たしかにとげとげしさがなくなって、周りのなかまを癒す存在になっている。

コラム10

もともと、人とのかかわりが好きな人である。ホームから自宅に帰省したときには、ご近所さんに「元気？」と必ず声をかける。足の悪い人には「どうもないか？」と声をかける。若い頃は、自分の思いを強く出しすぎて、集団との関係では注意を受けてしまうこともあったわけだが、最近の彼の姿を見ると、彼の人格の芯になっている「人への優しさ」「思いやり」「おもしろさ」が前面に出てきているように思える。

加齢にともなって、感覚面、機能面は低下しやすいが、けっしてすべてが低下していくわけではない。若いときより時間がかかるようになることも、見通しがもてる時間的スパンが短くなることも多い。しかし、消えていくことがあるぶん、奥にある「その人らしさ」が前に出てくるのかもしれない。また、加齢にともなう変化に合わせて環境を変えることで、新たな「ねがい」をつくりだすこともある。

彼は今も「ラーメンがいちばん好きやねん」「みんなと旅行に行きたい」と、たくさんの要求をもっている。その要求を、職員や他の仲間たちといっしょに実現しながら、ゆたかな壮年期を送ってほしいと願う。

第11章　職員集団を考える①　話しあう

ここまでにも、たびたび「職員集団で話しあうこと」の大切さに触れてきましたが、最後は、職員集団のことについて考えていきます。

◉語りあうことで、子どものこと、なかまのことがいとおしくなる

私はよく、発達に関わる学習会や事例検討会に参加させてもらうのですが、あるなかまの〝問題行動〟や〝支援の難しさ〟から始まった議論が、会が終わる頃には、そのなかまの〝やさしさ〟や〝おもしろさ〟がたくさん出されている、ということがあります。

ある施設では、作業所（生活介護）で日中支援をしている職員と、暮らしを支援するホームの世話人とがいっしょに参加する学習会を行っているのですが、そこで、互いに実践について語りあうグループワークの時間がもたれました。

そのなかで、ホームの世話人が、悩みを打ち明けました。ある女性のなかまが、毎日の

ように、ゴミを集めたり、壁紙を破いたりというこだわりを強く見せ、そのたびに叱ったり止めたりせざるを得ないことが多く、「今日も叱ってしまった…」と世話人として自己嫌悪に陥ってしまうという悩みでした。

そのなかまは、日中の作業所でも、そうした「こだわり」を強く見せてきました。日中の職員も何度か話しあうなかで、「こだわり」だけで彼女を見ないこと、「こだわりにこだわりあわないこと」を、職員集団が感覚的にもつかんできていました。ただ日中は、職員が複数おり、仕事や活動の目的がはっきりしており、全体にダイナミックに日課や集団が動いているため、本人が行動を切り替えるタイミングもたくさんあるのです。それに比べて、暮らしの場は、日中ほど日課が明確ではなく、何よりも世話人が一人になると、なかまも世話人自身も互いに気持ちや行動を切り替えにくくなることが多いのです。また、家庭がそうであるように、安心できる暮らしの場であるからこそ、「がんばっている自分」ではなく「素のままの自分」が出やすいということもあるのでしょう。

グループワークでは、さまざまな場面での彼女の姿を出しあうとともに、そうした暮らしの場での支援が抱える「難しさ」について共感しあいました。そのなかで、作業所からホームに帰る際に〝今日（の世話人さん）ハダレカナ〟と楽しみにしている姿が出され、また、ホームでも「こだわり」だけでなく、他のなかまの世話をしたり甘えたりする「ほほえましい姿」があることが語られていきました。

子どものこと、なかまのことを職員同士が語りあうことでいとおしくなる。それは、子どもやなかまに対するまなざしに少なからぬ影響をもたらします。「明日からはこういう具体策でのぞみましょう」という支援の方策を明確につかんだわけではないけれど、あんなに困っていたのに、事例検討会の直後からなんとなく明るいきざしが見えてきた…そんな経験はありませんか。

◉実践の本質が伝わるには

障害のある子やなかまへの実践において、その「障害」や「行動」に向きあうのではなく、人格と向きあうことが大切なのではないかということをよく話します。しかし、それは容易《たやす》いことではありません。頭ではわかっていても、まず目につくのは、その「行動」であり、「障害からくる困難さ」であることも多いと思います。それを表面的な見方、まちがった見方と頭から否定してしまうのではなく、「なぜ、そのことが目につくのだろう」「なぜ、気になるのだろう」といっしょに考えあう過程をくぐってこそ、「人格と向きあう」「本人に寄り添う」とはこういうことなんだとつかめるようになるのではないでしょう。

試行錯誤をくぐって到達した「いい実践」について、その実践の本質が抜け落ちて形だけをまねること、やり方、方法だけが一人歩きすることがよくあります。

つい先日も、大津市の保育園における4歳児の鉄棒実践のことが話されました。発達的にみると、4歳児は、集団のなかでの自分の位置をとらえはじめるため、「自分はできない」「○○ちゃんのように上手にできないからしない」になってしまうことがよくあります。それに対し、保育者の芹澤さんと粟津さんたちは、一つひとつの鉄棒のわざに子どもたちといっしょに魅力的な名前をつけることで、「ぶらさがることしかできない」のではなく「ぶらさがるという〝オサル〟のわざができる」という価値観につくりかえ、どの子も自分の力を出せるようにしていったという実践をつくってきました。この実践はさまざまな場面で伝えられ、大津市の保育園実践の財産になっていきました。しかし、粟津さんたちがいちばん伝えたかったことは「一人ひとり、みんなちがっていいんだよ」「結果より、挑戦していくプロセスが大事なんだよ」ということであったのに、そのことが抜け落ちて、4歳児の全員に前回りをさせるための方法論として一人歩きしていないだろうかということが話しあわれました。私自身も学習会などでこの実践を紹介することがあったので、実践者の思いを充分に伝えられていなかったのではないかとおおいに反省させられました。

しかし、こうした実践の本質部分は、実践者のねがいと子どものねがいをどう撚《よ》りあわせるかについてとことん悩み、その矛盾に身体と心で向きあってきたプロセスを語ってい

くことでしか伝わっていかないこともあるように思います。若い保育者、職員は、目の前の子どもやなかまとどう向きあうのか、実践をどうするのかに必死にとりくみます。先輩のわざを盗もう（ことばは悪いですが、大事なことです）とします。そのため、結果的に方法だけが一人歩きしてしまうことも起きるのでしょう。そのことの問題に気づくためには、若い職員も実践づくりに自らが悩み、その悩みを他者と共有するという時間を経ることが必要なのだと思います。そんなときに、先輩から、実践の本質や、本当に伝えたかったことが語られることで、心に染み入っていくのではないでしょうか。

これは、若い職員をどう育てていくのかという話につながります。ベテランになった作業所職員が、自分の若い頃を振り返って、「先輩は答えをあえて教えてくれなかった。そのときは、どうして教えてくれないのか、先輩は冷たいと思っていたけれど、自分が悩んで失敗もしてつかんでいくというプロセスを大事にしてくれたんだということが今になるとわかる」、さらに「今の自分は、そうしたプロセスを若い職員たちに保障しているのだろうか」と語ってくれました。障害者自立支援法によって福祉現場が大きく変わってしまって以降、こうした時間をかけた実践がつくりにくくなっているという現状を直視しつつも、手っとり早く正解を求める風潮がはびこっていないか、効率を重視するあまりに実践の本質を学びあう機会を互いに失っていないか、ベテランも含めて、もう一度見直す必要がありそうです。

◉ベテランと若手のよい関係とは

さきほどのこだわりの強い女性の話に戻ります。

この原稿を書いていて、ふと気づいたことがあります。さっきは、暮らしの場、一人職場の抱える〝困難さ〟について触れたのですが、もしかしたら、暮らしの場であり、世話人との関係も密になるからこそ、彼女も「こだわり」を出せているのかもしれないということです。日中の職員は、「こだわりにこだわりあわないこと」を感覚的につかんできたと書きましたが、もしかしたら、「こだわり」だけでなく、彼女の要求やねがいもなんとなくスルーしてしまっているということはないでしょうか。

これは、ベテラン職員と若い職員の間でもよく起こることです。ベテランになると、コツやカンでつかむことも多くなり、なかまとの適度な距離のつくり方も絶妙になります。しかし一般的に若い職員は、そのコツやカン、適度な間がつくれずに、結果的になかまにかかわりすぎてしまいがちです。それがときに「こだわり」を強めさせたり、感情を高ぶらせたりということにつながってしまうこともある。一方で、そうした若い職員に対して、なかまは、いつもは諦めてしまう要求をとことん出してくるということもあるのです。「最近、若い時ほど要求を出さなくなったなあ、大人になったのかなあ」と思っていたなかまが、新人職員とのかかわりで、もう一度強く要求を出すようになり、「大人になったというより、諦めさせられていたんだ」と気づかされたという例もありました。

特別支援学校に通う自閉症児の話ですが、彼は「ふみきり」が大好きで、まわりの大人にふみきりの絵を描いてもらうことをしょっちゅう求めていました。頭のなかに特定の形のふみきりがあり、それを自分ではうまく描けないので、お母さんや先生に描いてもらおうとしていたようです。しかし、本人が納得するふみきりの絵を描くことは難しく、〝チガウ、チガウ〟と怒り、先生が描いた絵を破ってしまうことがよくありました。その彼に、新しく担任になった先生は、けっして絵が上手ではなく、はじめはしょっちゅう彼を怒らせていました。しかし、ある日、「ごめんな。先生、絵が下手やし…」と言って描いた、とってもシンプルなふみきりの絵を、彼は怒らずに、すっと受け入れたのです。そして、その後は自分でも描くようになりました。下手だけど思いをこめて描いたふみきりが、彼に伝わり、「ふみきりはこうでなければならない」という認識をつくりかえ（あるいは、特定のふみきりではなく、「ふみきり」という概念の獲得を促したのかもしれません）、さらに、「だったら自分でも描けばいい」という自信をうみだしたように思うのです。

若手も、自分が不器用だと思っている人も、それぞれがもてる力を出しあうことで、なかまや子どもが変わっていく、そんな職員集団のあり方を考えたいものです。

コラム11

不老泉

不老泉。加齢の話ではない。れっきとした日本酒の銘柄である。滋賀県高島市の酒造メーカーが作っている。で、お酒の話がしたいのかと言うと、そうでもない。昨年から始めた全障研滋賀支部のサークル名である。

1年ほど前に、小学校教員になって10年以上たった卒業生から電話があった。はじめて特別支援学級の担任になったのだが、児童数も多く（最大の8人が在籍）、在籍児童が7人以上で措置される複数加配がついているとは言え、日々の実践に苦慮する毎日。悩みの電話だった。居酒屋で話を聞いた。結果、ぜひ特別支援学級の実践を交流するサークルを始めようということになった。「サークルの名前をどうしようか」と考えているときに、目の前にさりげなく並んでいた酒びんの銘柄が「不老泉」だったというわけである。

10数年前から特別支援学校や特別支援学級の児童生徒数がどんどん増えてきたが、滋賀県は、全国的に見ても、その伸び率が高い県である。当然、新たに特別支援学級の担任になる教員も多い。しかし、1クラス多ければ8人もの児童生徒を担任するのは並大抵のことではない。学年も発達段階も異なる児童生徒に対し、基本的に一人で担任をしなければならないという学級編制基準をなんとかしなければ、やる気はあっても「しんどさ」だけが高まっていってしまう。

さて、「特別支援学級の実践を語りあいましょう」と声をかけたところ、7－8人が集まった。毎回、少しずつ顔ぶれは変わるものの、ほぼ2か月に1回のペースで「不老泉」を続けて

コラム11

いる。順番に話題提供をし、その後は自由に語る。愚痴もこぼし、すてきなエピソードに涙もし、失敗談を笑いとばす。私自身はおおいに元気をもらっている。

滋賀支部では「しろばら会」という学習会も継続している。こちらは、重症児の発達や実践を語り合う会である。会の発起人のニックネーム「しろばら」から名前をとった。学校をこえて、ときには就学前や成人期の職員と一緒に重症児の実践を語りあってきた。

こうした場が今、本当に大事になっていると感じる。職場の多忙化が進み、話しあう時間をもつことがホントに厳しくなっている。上から押しつけられる形で「働き方改革」が進められるなか、真っ先に切り捨てられるのが話しあう時間であることも多く、ますます仕事の意味を見いだしにくくなるのではないかと懸念する。何年も前のことになるが、ベテラン保育者が、休憩時間にお茶を飲みながら子どもの話をしたところ、若い保育者から「先生、休憩時間くらい子どもの話をしないでください」と言われたとショックを受けていた。子どもや保育のことを話すのは仕事でもあるが、仕事としての評価を離れて、「こんなおもしろいことがあった」「○○ちゃんが、こんなことを言ってたよ」と話すことで、結果的に子どもの見方がふくらんでいくことも多いと思う。フォーマルな職員会議やケース会議はもちろん大事だが、誰もが自分の仕事への評価に敏感にさせられている今こそ、もっと自由に子ども・なかまや実践のことを語りあう場が必要なのではないだろうか。

第12章　職員集団を考える②

大切にしたいことに立ちかえる

全障研はじめ、実践を大切にする場では、これまで子どもやなかまを「まるごと」とらえることの大切さがさまざまに語られてきました。〝障害、発達、生活をまるごととらえる〟〝24時間の生活をまるごととらえる〟〝ライフサイクル全体をまるごととらえる〟などです。

今回は、この「まるごと」とらえることがなぜ大切なのか、そのためには何が必要なのでしょうか。

◉今、あらためて子どもやなかまを「まるごと」とらえることの意味を問う

肢体不自由のある女子生徒が、高等部になって、お母さんの介助を激しく拒否するようになったことがありました。お母さんは、「こんなにていねいにあなたを育ててきたのに」という思い、「私の介助がなかったら、あなたは生きられないのに」という思いが絡みあ

い、わが子の身を案じつつも腹も立って「もういい。好きにしなさい」と言ってしまう日々だったそうです。学校の先生とこのことを相談しあっていくなかで、拒否のきっかけは、クラスメイトが学生ボランティアと一緒に休日に外出して楽しかったということを聞いたことではないかということがわかってきました。その後、彼女も学生ボランティアとの外出をするようになると、再びお母さんの介助も受け入れていくようになりました。

彼女の拒否は、おとなになる道行きで必然的に起きた「親離れ」の要求であったわけですが、家だけの姿、学校や施設だけの姿を見ているだけでは、行動や変化の意味が見えてこないことも多いように思います。

また、こんなことも聞きました。思春期まっただなかの自閉症児のお母さんが、家で子どもが荒れていることを学校の先生に相談したところ、「学校では何も問題ないですよ、がんばってますよ」と言われて、その後、相談できなくなってしまったと言うのです。

このとき学校の先生は、お母さんを励ますつもりで話されたのだと思うのですが、家でのようすをもう一歩想像して語りあうことが必要だったのかもしれません。学校でがんばりすぎていることだってあるかもしれない。今までと同じような家での生活では物足りなくなってきているのかもしれない。青年期らしい親離れの要求が高まってきているのかもしれない。いろいろな理由が考えられるわけですが、いっしょに語りあわないと見えてきにくいし、理由が推測されたとしても、語りあうことではじめて共感をともなった共通認識になっていくのだと思います。そして、その共通認識ができるからこそ、家、学校それぞれでできることは何かを考えたり、〝家と学校以外にも過ごす場を一緒に見つけていきましょう〟ということにもつながっていくのではないでしょうか。

「まるごと」とらえることによって、一つひとつの現象のもつ意味が見えてくる。逆に言えば、一つひとつの現象を見ているだけでは、そこに隠れた発達要求に気づけない。熱心な保護者や支援者であれば、「もっとわかってあげなくては」「私がなんとかしてあげなくては」と考え、その結果、保護者や支援者だけでなく、本人自身も自分の本当の「ねがい」に気づけなくなってしまうこともあるように思います。

複数のまなざしで「まるごと」とらえることではじめて、子どもやなかまに必要な「間」や「距離」がつくれるようになる。その「間」や「距離」があるからこそ、本人も自分の「ねがい」をつくり、自分をつくりかえていくことができるのだと思います。

◉全体像が見えない？

このように、子どものこと、実践のことを語りあう学習会や検討会を続けてくるなかで、本当に多くのことを学んできました。ところが最近、事例の背景がわからない、就学前あるいは学齢期からの育ちの経過が想像しづらい、家でのようすが見えてこない、と感じることが増えてきたのです。あるいは、その実践や授業における具体的な支援やことばかけについては、とてもていねいに語られていても、「そもそも、なぜその実践なのかが見えづらい」ということもしばしば経験します。それはなぜなのでしょうか。

一つには、個人情報の取扱いが厳重になり、ときに「慎重」をこえて過敏になっているということがあると思います。二つ目には、多くの機関や職種がかかわることが増えるなかで(これはよいことなのですが)、連携というより、機械的な役割分担になっていないかという危惧があります。三つ目は、目に見えるエビデンスが求められることが増えているという、実践への評価をめぐる問題があると考えます。

ある小学校の先生が、「一人でみていたときは大変だった。支援を必要とする子どもの数が増えたときに、支援員さんが来てくれるようになって助かったと思ったけれど、連絡調整に時間がかかるようになっただけでなく、子どもの姿が見えづらくなった…これだったら、一人の方がよかった」と話したことがありました。かつて、一つの施設、一人の支援者が「丸抱え」せざるを得なかったときには、さほど意識しなくても全体像が見えやすかったのだと思います。複数の人がかかわること、専門性の異なる職種がかかわること、これはなかまの生活を決定的に広げることになるのですが、支援する側には、より高いレベ

ルでの共同が求められることになります。
そうした共同のためには、自分が直接に見ていないところでの子どもやなかまの姿を、想像力をもってつかもうとすること、別の支援者がどんな思いでかかわっているかを知ること、そして、互いに「対話」していくことが必要なのだと考えます。たった5分の立ち話、掃除をしながらの「今日、こんなことあったよ」の会話、支援者の思いや悩みも書ける連絡ノート…可能なやり方で、ちょっと語りあってみませんか。

◉見えないものを観る力

さきほど、事例や実践の背景がわかりにくくなっている理由の一つに、目に見えるエビデンスが求められることが増えているという、実践への評価をめぐる問題があるのではと書きました。目に見える結果を出そうとするあまり、実践がどんどんと狭い枠に押し込められてはいないでしょうか。

かつて与謝の海養護学校初代校長の青木嗣夫さんは、教育労働には「蓄積性」と「不可測性」があると言いました。

「蓄積性」とは、日々の生活や実践の一コマ一コマ、あるいは、声かけの一つひとつが子どもやなかまのなかに蓄積されていくという意味です。障害の重い人のオムツを替えるたびに、「また汚したの」と否定的に言うのと、「おしっこ出たんだね。替えたら気持ちよくなりますよ」と言うのとでは、本人自身も、周りの人間観や障害観もずいぶんと異なるであろうことは容易に想像できます。

もう一つの「不可測性」については、「教育の成果は測ることができない側面をもっているということ」だと述べます。そして「測れないからこそ大事」なのであり、「子どもの中に蓄積したものが測れない。だから、いい加減でよいということにはならない…不可測性があり蓄積性があるからこそ、教師はより自分を律する力（自律力）がなければならない」[＊1]と青木さんは言います。

これは、成人期の福祉労働にもそのままあてはまるでしょう。一人ひとりが自律性をもって実践し、自らの実践を問い直していくことを大事にしながらも、その成果は目に見えにくいものであるだけに、互いの「対話」によって、悩みや喜びも共有しながら確かめあ

＊1　青木嗣夫『未来をひらく教育と福祉』文理閣、1997年、125頁より

っていくことが必要なのだと考えます。

各職場で起きている多忙化の問題は深刻です。支援する人を増やすことは待ったなしの課題です。自助、共助を強調し、公助をできるだけ減らそうとする国の施策は、ますますなかまも家族も支援者も苦しめることになるでしょう。そこには、分断がもちこまれやすくなり、無意識のうちに、互いを「敵」にしてしまいかねません。

なんとか自分の役割だけはこなそう、ミスを出さないようにしようと、自分の守備範囲を守ることに汲々となっていくと、自分の仕事の意味そのものが見いだせなくなります。ふと「なんのために、こんなにしんどい思いをしているんだっけ」と空しくなってしまうことはありませんか。なかまがいつも「ありがとう」と言ってくれるわけではありません。でも、同僚と語りあって、ちょっと余裕ができると、なかまのささやかな表情の変化にも気づくことができ、元気をもらいます。福祉も教育も、さまざまな人とのつながりのなかでこそ、仕事のやりがいも見いだせるものだし、福祉や教育は、つながりを創っていく仕事そのものでもあると思います。

先日、就学前の関係者が集まってシンポジウムを開きました。シンポジストの一人は特別支援学校に通う中学部3年生のお母さんで、子どものこれまでの成長とあわせて、それぞれの時期に出会った支援者への思いも語ってくれました。そのなかで「訪問してくれた保健師さんから療育をすすめられたときは、めんどくさいなあ、早く帰ってくれないかなあと内心思っていた」と正直に話されました。今、就学前の保護者に直面している保健師や発達相談員は、目の前の保護者の一言一言に落ち込んだり悩んだりすることも多いのですが、その答えは長い目で見た時にようやく見えてくることも多いと思います。

そうした長いスパンでないと見えにくいものを観ようとすることも、青木嗣夫さんのいう自律力だし、専門性でもあると言えるでしょう。そして、こうした自律性や専門性を支えるのもまた、人とのつながりであると考えます。

コラム12

職場の雰囲気について

いろいろな施設や作業所に行くことが多いが、それぞれの施設が、そこならではの「雰囲気」をもっていることを強く感じる。利用者の年齢層や障害によるところも大きいが、職員集団が知らず知らずにつくりだしている「雰囲気」でもあるのだろう。同じ施設でも、大きな行事の前などは、職員も忙しそうで、何となくピリピリしているし、それが終わると、ちょっとゆるい空気が流れている。当然のことながら、忙しいときは、職員の表情にも動きにも余裕がなくなっている。外からやってきた第三者がそんなのんきなことを言っていると、息つく間もなく動いている職員から叱られそうだ。でも、そんな「雰囲気」をきっといちばんに感じとっているのは、なかま自身だろう。

保育園の話になるが、以前は、正規雇用の保育者の率が高く、職員会議も比較的もちやすかったという。しかし、保育時間が延長されるにつれ（これは、働く保護者のために重要なことだ）、みんなが集まる会議の時間を確保しにくくなった。また、何よりも非正規雇用の職員が増えていることが、会議や語り合う時間をもつことの難しさにつながっている。障害児加配の保育者も増えたが、これも非正規雇用であることが多く、保育者同士の話しあいが必要であるにもかかわらず、その時間をとれないジレンマがある。

学校でも同様の状況が起きている。とくに特別支援学校が大規模化しており、互いに顔の見えにくい関係になっていると、以前と同じように仕事をしていても疲労感が違うという。

コラム12

そんな状況でも、一人ひとりの豊かな発達を保障するために最も必要なことは、「よくできた個別の指導計画」でも「すぐれた教材・教具」でもなく（と言ったら叱られそうだが）、職員集団の笑顔と、つねにちょっとだけ前向きに考えようとする明るいトーンだと思う。

数年前、保育園の1歳児クラスの観察をした。晩秋の陽ざしがやわらかく照らす園庭で、子どもたちはたっぷりの落ち葉であそんでいた。園庭には先生と保護者が力を合わせて作った築《つき》山《やま》があり、子どもたちの成長に合わせて、春よりも少しずつ高くなっていた。子どもたちは、その築山をのぼったり降りたり、あるいは、落ち葉をつまんだり運んだりしながら、それぞれにあそんでいた。あそび時間が終る頃、先生たちは大きなブルーシートを出し、その上に落ち葉をのせ、子どもたちの頭の上からバサーッと落とそうとしていた。しかし、どうも先生たちの呼吸が合わないのか、うまく落ち葉が舞い上がらない。先生たちは大笑いしながら、また落ち葉を集める。そのうち、園長先生も出てきて「もう何やってるの。ちょっと貸してみ」とかなんとか言いながら落ち葉落としに加わった。おとなたちが大笑いしながら落ち葉集めをしているのを見て、いつの間にか、1歳児たちがみんな集まり、せっせせっせと落ち葉を拾ってはシートにのせはじめた。どの子も、その日、いちばん輝く表情を見せていたと思う。

雰囲気に敏感な子どもたち、なかまたちだからこそ、いい雰囲気をつくりたい。そして、その雰囲気をつくるのは、職員集団のつながりだと思う。

写真協力
社会福祉法人みぬま福祉会（埼玉）
社会福祉法人おおつ福祉会（滋賀）

カバー作品
川口太陽の家　工房集
佐々木省悟『無題』
佐々木華枝『いす』

おわりに

先に著した『一人ひとりが人生の主人公』『しなやかに したたかに 仲間と社会に向きあって』と同じく、本書もこれまでに出会ってきた多くのなかまのみなさん、家族のみなさん、そして実践者のみなさんとの対話や実践検討のおかげで書き上げることができました。とりわけ、今回は、成人期だけではなく、乳幼児期や学齢期の実践に学ばせてもらったことも、たくさん盛り込みました。心より、感謝いたします。

みなさんの思いやことばをどれだけ伝えられているのか自信はありません。ただ、それぞれの実践や事実が示していること、教えてくれていることは何なのか、いくたびも振り返って考えさせていただく機会になりました。

成人期を支えることは、じつは、なかまたちの人生全体を、そのときそのときの「今」をかけがえのないものとして大切にしていくことなのだと思います。学齢期のために乳幼児期があるわけでも、成人期のために学齢期があるわけでもありません。そのときそのときの「今」を尊重していくことが、何よりも大切なのだと考えます。

もちろん、なかまたちが歩んでいく道行きは、揺れながら、ときに後戻りしながらのものです。でも、だからこそ確かな歩みなのだと言えるでしょう。そのときどきに出会い、ともに泣き、ともに笑いながら支えている支援者もまた、揺れながら、ときに後戻りしながら実践を続けています。その「揺れ」「ゆらぎ」をかけがえのないものとしていつくしみながら、職場をこえ、ライフステージをこえて、互いの実践を語りあうこと、そこから、それぞれの実践のもつ意味や価値を導き出すことが、今、本当に求められていると思います。この本が、そうした語り合い、つながりあいをつくるきっかけになれば、これほど嬉しいことはありません。

私自身、これからも、多くのなかまのみなさん、実践者のみなさん、家族のみなさんと出会い、語りあっていきたいと思います。これからも、どうぞよろしくお願いいたします。

最後になりましたが、なかまたちの生き生きした姿が手に取るように伝わってくる写真を提供してくださったみぬま福祉会のみなさん、おおつ福祉会のみなさん。表紙に素敵な絵を使用させていただくことをご快諾くださった佐々木省吾さん、佐々木華枝さん、工房「集」のみなさん、本当にありがとうございました。また、連載中には、『みんなのねがい』編集部の黒川真友さんに本当にお世話になりました。そして、単行本化にあたっては、梅垣美香さんがていねいに、かつ粘り強く編集をしてくださいました。みなさんに、心より感謝いたします。

白石恵理子
しらいし　えりこ／1960年、福井県生まれ。

大津市発達相談員などを経て、現在滋賀大学教育学部教授。
おもな著書『一人ひとりが人生の主人公』『しなやかにしたたかに仲間と社会に向き合って』『新版 教育と保育のための発達診断』(共著)（いずれも全障研出版部)『人間発達研究の創出と展開──田中昌人・田中杉恵の仕事を通して歴史をつなぐ』(共著) 群青社など多数。

本書をお買い上げいただいた方で、視覚障害等により活字を読むことが困難な方のためにテキストデータを準備しています。ご希望の方は、下記の「全国障害者問題研究会出版部」までお問い合わせください。

青年・成人期の発達保障 3
障害のある人の発達保障 ──成人期のなかまたちが教えてくれること

2018年７月25日　初版第１刷発行
2025年１月15日　　　第３刷発行

著　者　白石恵理子
発行所　全国障害者問題研究会出版部
〒162-0801　東京都新宿区山吹町４－７ 新宿山吹町ビル５F
TEL. 03(6265)0193　FAX. 03(6265)0194
https://www.nginet.or.jp

印刷所　株式会社ティーケー出版印刷

 ISBN978-4-88134-675-4

障害のある人の発達を考え、実践を深める

青年・成人期の発達保障

一人ひとりが人生の主人公

●白石恵理子 著

□定価（本体1500円＋税）

青年・成人期にある知的障害をもつ人の生活を照らし出しつつ、発達について考えたい。日々のくらしや労働の姿をていねいに描きながら〝主人公〟になるための課題に迫ります。

青年・成人期の発達保障 2

しなやかに　したたかに　仲間と社会に向き合って

●白石恵理子 著

□定価（本体1500円＋税）

ときは2006年。障害者自立支援法が施行され、福祉制度が切り崩されていく時代に。そのなかでも、しなやかに、したたかに社会に向き合っているなかま・職員の姿から、青年・成人期の発達・生活を考えます。